アクティベート
教育学

汐見稔幸・奈須正裕［監修］

15 教職のための 憲 法

斎藤一久・城野一憲［編著］

ミネルヴァ書房

シリーズ刊行にあたって

　近代という特徴的な時代に誕生した学校は、今や産業社会から知識基盤社会へという構造変化のなかで、その役割や位置づけを大きく変えつつあります。一方、2017年に告示された学習指導要領では「社会に開かれた教育課程」という理念のもと、「内容」中心から「資質・能力」育成へと学力論が大幅に拡張され、「主体的・対話的で深い学び」や「カリキュラム・マネジメント」といった考え方も提起されました。

　学習指導要領前文にあるように、そこでは一人一人の子どもが「自分のよさや可能性を認識するとともに、あらゆる他者を価値のある存在として尊重し、多様な人々と協働しながら様々な社会的変化を乗り越え、豊かな人生を切り拓き、持続可能な社会の創り手となること」が目指されています。

　急激に変化し続ける社会情勢のなかで、このような教育の理想をすべての子どもに実現していくことが、これからの学校と教師に期待されているのです。それは確かに要求度の高い困難な仕事ですが、だからこそ生涯をかけて打ち込むに値する夢のある生き方とも言えるでしょう。

　本シリーズは、そんな志を胸に教師を目指されるみなさんが、数々の困難を乗り越え、子どもたちとともにどこまでも学び育つ教師となる、その確かな基礎を培うべく企画されました。各巻の内容はもちろん「教職課程コアカリキュラム」に準拠していますが、さらに教育を巡る国内外の動向を的確に反映すること、各学問分野の特質とおもしろさをわかりやすく伝えることの2点に特に力を入れています。また、読者が問いをもって主体的に学びを深められるよう、各章の冒頭にWORKを位置づけるなどの工夫を施しました。

　教師を目指すすべてのみなさんにとって、本シリーズが、その確かな一歩を踏み出す一助となることを願っています。

2019年2月

監修者　汐見稔幸・奈須正裕

は じ め に

　教員免許状を取得するためには，日本国憲法を 2 単位取得しなければなりません。つまり日本国憲法の授業に15回出席し，テストで合格点を取らないと，そのほかの免許用の単位を取得できたとしても，教員免許は申請できないのです。

　なぜ日本国憲法は，教員免許を取得する際に必須となっているのでしょうか。旧教育基本法の前文には，「われらは，さきに，日本国憲法を確定し，民主的で文化的な国家を建設して，世界の平和と人類の福祉に貢献しようとする決意を示した。この理想の実現は，根本において教育の力にまつべきものである」と記されていました。戦後，日本国憲法の理想の実現は，教育に委ねられたのです。その教育をつかさどる教員が日本国憲法に精通しておくことは当然の前提となるでしょう。

　また学校は，個人の尊重（尊厳），民主主義，自由・人権，平和といった憲法の基本的価値を学ぶ場であり，同時にこのような価値が実現されなければならない空間です。しかし，日本の学校では，みんな一緒に行動することが求められたりすることが多く，子どもたちが個人として尊重されないこともあります。また，いじめ，体罰といったような人権問題が学校では日々生じています。最近では教員の労働環境のひどさから，学校がブラックな職場の代表格と言われるようになってしまいました（教育実習におけるアカハラ，セクハラも問題になっています）。しかし，このような問題が生じているからこそ，本書を通じて，憲法を学ぶ中で，「学校」を見つめ直してほしいと思います。「学校」は，色々な個性や考えをもった生徒，そして先生がいてよいでしょうし，みんなが楽しく，安心して学べる場でなければなりません。

　本書は，多くの教育学部の先生方，一般教養科目としての日本国憲法を教えられている先生方にご協力いただき，つくることができました。日々の憲法教

育実践を凝縮したものが本書であり，既存の憲法の教科書とは一味も二味も違った教科書に仕上がっています。シリーズ「アクティベート教育学」の売りは，WORK ですが，本書でも憲法と教育を結ぶ WORK をたくさん盛り込みました。

　最後に，読者の皆さんにお願いです。授業の最後のテストが終わったからといって，本書を後輩にゆずったり，古本屋に出さないでください。これは営業上の理由ではありません。皆さんが教員になったときに，ぜひもう一度，読み直してほしいからです。学校現場で悩んだとき，憲法が一つの支えになるはずですし，またそうなることを願いながら，私たちは執筆しています。ぜひ私たちの思いを引き継いでほしいと思います。

　2020年2月

編著者を代表して　斎藤一久

目　　次

はじめに

第 1 章　憲法とは何か　　　　　　　　　　　　　　　　1
よりよい憲法学習に向けて

1 日本の近代化と憲法 ……………………………………………3
- 1　「憲法」の再発見　3
- 2　近代国家と憲法　3
- 3　自由民権運動と立憲政体樹立の詔　4

2 明治憲法 ……………………………………………………5
- 1　1889年の憲法──大日本帝国憲法　5
- 2　明治憲法と学校教育──教育の勅令主義　5
- 3　教育勅語体制　6
- 4　明治憲法体制の行き詰まり　6

3 日本国憲法 …………………………………………………7
- 1　日本国憲法の制定過程　7
- 2　1946年の憲法──日本国憲法　8
- 3　日本国憲法を支えるさまざまな法制度　9

4 国際的な人権保障の広がり ………………………………9
- 1　国際的な人権保障　9
- 2　代表的な国際人権法　10

5 憲法をどのように学ぶか …………………………………10
- 1　「法教育」の観点から　10
- 2　憲法の条文とその解釈　10
- 3　憲法の実現・保障のための仕組み　11
- 4　日本国憲法を支えるさまざまな価値　11
- 5　法解釈の技術　12

「いじめ」は人権侵害？

1　「いじめ」と法 ……………………………………………………… 17

　　1　「いじめ」問題の「発見」　17

　　2　いじめ防止対策推進法の制定　18

　　3　「いじめ」は人権侵害？　18

2　憲法上の権利の対国家性：憲法を守るべきなのは ……………… 19

　　1　公権力と公務員　19

　　2　憲法の対国家性——憲法は公権力が守るべきルール　20

　　3　「人権」と「憲法上の権利」　20

　　4　学校における憲法上の権利の侵害の例　21

3　憲法の私人間効力について考える意味 ………………………… 21

　　1　私大生の政治活動の自由　21

　　2　昭和女子大学事件最高裁判決　22

　　3　「社会的権力」としての私立学校　22

　　4　憲法の私人間効力論　23

4　憲法の私人間効力はどのようなものか ………………………… 23

　　1　三菱樹脂事件　23

　　2　憲法上の権利同士の衝突——経済活動の自由 vs 精神的
　　　　自由？　24

　　3　憲法の間接適用説と一般条項　25

　　4　日産自動車事件　26

　　5　憲法は「いじめ」を直接的には禁止していない　27

5　憲法上の権利がよりよく保護されるためには ……………………… 27

　　1　公権力による「いじめ」　27

　　2　憲法の価値を市民社会に反映するためには　28

　　3　憲法上の権利がよりよく保護されるためには　29

第 3 章　人権の享有主体　　31
外国人と日本人の人権は同じもの？

1 人権の多様性と限界 ………………………………………………… 33
- **1** 「みんなのため」に人権を我慢する？　33
- **2** 公共の福祉の意味　34
- **3** 比較衡量論　35
- **4** 特別な法律関係における人権の限界　35

2 人権享有主体性の問題 ………………………………………………… 36
- **1** 人権享有主体性とは何か　36
- **2** 天皇の人権享有主体性　36
- **3** 法人の人権享有主体性　36
- **4** 法人の人権享有主体性に関する判例　37

3 外国人の人権享有主体性 …………………………………………… 38
- **1** 外国人の人権享有主体性　38
- **2** 国籍の要件　38
- **3** マクリーン事件最高裁判決　39
- **4** 外国人の居住移転の自由の制約　40

4 外国人と参政権・公務就任権 …………………………………… 41
- **1** 外国人と参政権　41
- **2** 外国人の公務就任権　42
- **3** 外国人と管理職　42
- **4** 外国人教員──外国人は公立学校の先生になれるのか　43
- **5** 特別永住者　44

第 4 章　平　　等　　47
「等しくする」ってどういうこと？

1 憲法と「平等」 ……………………………………………………… 49
- **1** 条文の規定　49
- **2** 「平等」とは何か(1)──絶対的平等と相対的平等　50

　　　　3　「平等」とは何か(2)──形式的平等と実質的平等　51

　　　　4　アファーマティブ・アクション　51

　　　　5　「平等」をめぐる裁判　52

　　2　性別を理由とする差別 ……………………………………………………… 52

　　　　1　男女雇用機会均等法　52

　　　　2　会社の中での性別を理由とする差別　53

　　　　3　再婚禁止期間　53

　　　　4　婚姻開始年齢　55

　　3　その他の事由による差別 ……………………………………………… 56

　　　　1　尊属殺重罰規定違憲判決　56

　　　　2　嫡出性の有無による法定相続分差別　56

　　4　学校場面における「平等」 ………………………………………… 57

　　　　1　男女別学　57

　　　　2　教育基本法　57

　　　　3　特別支援教育　58

　　　　4　LGBT 等の児童生徒の問題　59

第 **5** 章　思想・良心の自由 / 信仰の自由　　63

内申書には何を書いてもいいの？

　　1　思想・良心の自由 ……………………………………………………… 65

　　　　1　心の中の自由をどのように守るのか？　65

　　　　2　内心に反する行為を強制した場合　66

　　　　3　内心を理由に不利益な取扱いをした場合　66

　　　　4　沈黙の自由を侵害した場合　67

　　2　学校における思想・良心の自由 ………………………………… 67

　　　　1　内申書と思想・良心の自由　67

　　　　2　麹町中学校内申書事件　68

　　　　3　学校式典における国旗・国歌問題　69

　　3　信教の自由 ………………………………………………………………… 70

　　　　1　学校の中での宗教と信教の自由　70

2 信教の自由の意義　71

3 信教の自由の限界　71

4 政教分離 ……………………………………………………………… 72

1 政教分離のあり方　72

2 歴史的背景　73

3 日本国憲法の政教分離　74

4 目的・効果基準の定立　74

5 政教分離の境界　75

5 学校と政教分離 ………………………………………………………… 76

1 公立学校と政教分離　76

2 私学助成と政教分離　77

第 **6** 章　学問の自由　　　　　　　　　　　　　　　　　　79

教員の「教育の自由」とは

1 学問の自由って何？ …………………………………………………… 81

1 学問とは何か？　81

2 学問の自由の内容　82

3 大学の自治　83

4 大学をめぐる状況　84

2 小中高校の教員の教育の自由 ………………………………………… 85

1 小中高校の教員に自由はあるか？　85

2 学習指導要領　86

3 国民の教育権 vs 国家の教育権　87

4 学校現場におけるスタンダード　89

第 **7** 章　表現の自由　　　　　　　　　　　　　　　　　　91

インターネット社会と名誉・プライバシー

1 表現の自由の重要性 …………………………………………………… 93

1 表現の自由の価値──自己実現と自己統治　93

2 表現の自由の保障──思想の自由市場　94

2 マスメディアの自由 ……………………………………………… 95
1 マスメディアと知る権利　95
2 取材の自由　95
3 取材源秘匿権　96

3 表現の自由と名誉・プライバシー ……………………………… 97
1 表現の自由と他の権利の調整　97
2 名誉毀損　97
3 プライバシー侵害　98

4 ヘイトスピーチ ………………………………………………… 100
1 表現の自由とインターネット　100
2 ヘイトスピーチとは　100
3 ヘイトスピーチ規制　101

5 リベンジポルノ ………………………………………………… 102
1 性表現規制　102
2 リベンジポルノとは　103
3 リベンジポルノ防止法　104

第 **8** 章　経済的自由権と社会権　　　　　　　　　107
「子どもの貧困」から考える

1 「子どもの貧困」：その実態と対策について ………………… 109
1 「子どもの貧困」の「発見」　109
2 貧困が子どもに与える影響　110
3 「子どもの貧困」への法的な対策　110
4 「子ども食堂」について　111
5 「子どもの貧困」を憲法から考える視点　112

2 社会権の思想と内容 …………………………………………… 113
1 社会権の思想(1)──「消極国家」　113
2 社会権の思想(2)──「積極国家」　114
3 社会権の登場　114

3 経済的自由について ……………………………………………114

■1■ 社会権と経済的自由　114

■2■ 職業選択の自由　115

■3■ 経済的自由への規制　115

■4■ どのような規制が考えられるか？　116

■5■ 経済的自由に関する裁判例　116

■6■ 財産権　117

4 「健康で文化的な最低限度の生活」について ………………117

■1■ 生存権の性格──その難しさ　117

■2■ 生存権の法的性格　118

■3■ 生存権をめぐる裁判例　118

■4■ 裁判所の考え方　119

■5■ 生存権は「抽象的」，だから「無力」なのか？　119

■6■ 子どもにとっての「健康で文化的な最低限度の生活」
　　を考える　120

第 **9** 章　教育を受ける権利　　　　　123

教育はどこまで「無償」なのか？

1 学習権：教育を受ける権利 ………………………………………125

2 義務教育：教育を受けさせる義務 ………………………………126

■1■ 義務教育とその現実　126

■2■ なぜ義務教育か　128

3 義務教育の無償 ……………………………………………………129

4 学校以外の学校 ……………………………………………………130

コラム① 教育の無償化　132

第 **10** 章 国会と内閣 　　　　　　　　　　133
18歳が「大人」になるまで

1 国民主権と参政権 …………………………………………………135

　　1 国民主権とは何か　135

　　2 選挙権と選挙に関する憲法原則　136

　　3 選挙制度　136

2 国会の地位と仕事：国会とはどんなところなのか？…………144

　　1 国会の地位　144

　　2 国会の仕事──法律はどうやって作られる？　146

　　3 国会の組織──なぜ国会は衆議院と参議院に分かれている？　148

3 内　閣 ……………………………………………………………149

　　1 行政権とは　149

　　2 議院内閣制──内閣はどうやって作られる？　151

　　3 内閣の仕事　152

　　4 衆議院の解散権　153

第 **11** 章 裁判所・違憲審査制 　　　　　　　　　　155
もしも裁判員に選ばれたら

1 裁判所とは …………………………………………………………157

　　1 裁判の種類　157

　　2 裁判所の種類　158

　　3 裁判所では何が争えるのか　159

2 違憲審査制 …………………………………………………………160

　　1 違憲審査とは　160

　　2 違憲審査制はなぜ存在するのか　161

3 裁判員制度 …………………………………………………………162

　　1 裁判官ってどんな人？　162

　　2 裁判員制度とは　163

■3■　裁判員制度の問題点　164

■4■　裁判員制度はなぜ導入されたのか　165

4　人身の自由………………………………………………………………166

■1■　被疑者・被告人の権利　166

■2■　逮捕されたらどうなるのか　167

■3■　弁護人依頼権　169

コラム②　ルールはルール？──ルールの合理性を審査する方法　171

第**12**章　地方自治　　　　　　　　　　　　　　　　　　173

「教育委員会」は何をしているところ？

1　教育委員会制度………………………………………………………175

■1■　キョウイクイインカイ　175

■2■　教育委員会の組織と役割　175

■3■　教育委員会の事務局　176

2　教育委員会の意義……………………………………………………177

■1■　行政委員会制度　177

■2■　教育の地方分権　178

■3■　教育行政の役割分担　178

■4■　教育委員会制度の変容──最近の制度改正　179

3　地方公共団体…………………………………………………………179

■1■　国と地方の役割分担　179

■2■　地方公共団体の種類　180

■3■　地方自治を支える法令　181

4　地方分権の進展………………………………………………………181

■1■　地方分権一括法──機関委任事務の廃止　181

■2■　自治事務と法定受託事務　182

■3■　分権改革の中の教育委員会　182

■4■　三位一体改革──財政の見直し　182

5　日本国憲法による地方自治の保障…………………………………184

1　地方自治の規定がなかった明治憲法　184

2　地方自治の本旨──団体自治と住民自治　185

3　公選制の議会と長　185

4　条例制定権　186

5　地方特別法の住民投票　187

第13章　平和主義　189

「平和のうちに生存する権利」を考える

1　第二次世界大戦における「戦場」……………………………191

1　戦場に送られた若者たち　191

2　子どもにとっての「戦場」──国民学校の設立　192

3　戦争のための教育　192

4　職場も「戦場」──勤労挺身隊　193

2　平和主義：「平和のうちに生きる権利」をめぐって……………194

1　日本の敗戦──ポツダム宣言の受諾　194

2　日本国憲法第9条の世界史的な意義　194

3　平和のうちに生存する権利　195

4　平和的生存権の解釈　195

5　憲法第9条と自衛隊──政府による解釈の変遷　196

6　平和的生存権と自衛隊　197

3　いま，憲法第9条と平和的生存権は？……………………………198

1　自衛隊の「活発化」　198

2　イラク派遣差し止め訴訟から考える(1)──2008年名古
　　屋高等裁判所判決　200

3　イラク派遣差し止め訴訟から考える(2)──2009年岡山
　　地方裁判所判決　200

4　集団的自衛権の行使容認　201

5　平和的生存権の発展可能性──「不断の努力」　202

第14章　憲法改正　205
18歳の投票権・選挙権

1 日本国憲法と直接民主制 …………………………………… 207
　　1 代表民主制　207
　　2 直接民主制　208

2 憲法改正 …………………………………………………… 208
　　1 憲法第96条の内容　208
　　2 憲法第96条の論点　209
　　3 憲法改正手続法　210
　　4 憲法改正手続法の問題点　211

3 18歳の投票権と選挙権 …………………………………… 213
　　1 成年者年齢の引き下げ　213
　　2 生徒の政治活動の自由　214
　　3 教師の政治教育の自由　215

4 住民投票 …………………………………………………… 217
　　1 地方自治と直接民主制　217
　　2 住民投票の特徴　217
　　3 住民投票の課題　218

巻末資料　221

本シリーズの特徴

シリーズ「アクティベート教育学」では，読者のみなさんが主体的・対話的で深い学びを成就できるよう，以下のような特徴を設けています。

●学びのポイント

各章の扉に，押さえてほしい要点を簡潔に示しています。これから学ぶ内容の「ポイント」を押さえたうえで読み進めることで，理解を深められます。

●WORK

各章の冒頭に「WORK」を設けています。主体的・対話的に WORK に取り組むことで，より関心をもって学びに入っていけるように工夫されています。

●導　入

本論に入る前に，各章の内容へと誘う「導入」を設けています。ここで当該章の概要や内容理解を深めるための視点が示されています。

●まとめ

章末には，学んだ内容を振り返る「まとめ」を設けています。

●さらに学びたい人のために

当該章の内容をさらに深めることができる書籍等をいくつか取り上げ，それぞれに対して概要やおすすめポイントなどを紹介しています。

第 1 章

憲法とは何か
──よりよい憲法学習に向けて──

●　●　●　学びのポイント　●　●　●

・日本における近代憲法の歩みについて理解しよう。
・憲法学習で，私たちは何を学ぶのかを確認していこう。

WORK　見つけてみよう！ 世界各地の憲法

① 図書館やインターネットを利用して，世界のさまざまな地域の，皆さんが気になる国，行ってみたい国の憲法について調べて，その内容を下の表に記入してみよう。

地　域	国	憲法の名称	制定の年	特　徴
アジア	日本	日本国憲法	1946年	基本的人権の保障，平和主義，天皇制
アジア				
ヨーロッパ・ロシア				
アフリカ				
北　米				
中南米				

【調べのヒント】
- 髙橋和之（編）『新版　世界憲法集（第2版）』岩波書店，2007年。
- 国立国会図書館「各国の憲法の調べ方」（https://rnavi.ndl.go.jp/research_guide/entry/kakkoku-kenpou.php）。

② ①で調べた各国の憲法の内容や特徴を，グループで紹介し合おう。その際，日本国憲法と似ている点，違っている点についても考えてみよう。

● 導 入 ● ● ● ● ● ● ● ●

　これから憲法の学習を始めるにあたって，まずは，皆さんの学びの対象である
「憲法」とは何かを知る必要があります。日本には，「憲法」と名前の付く法典が，
これまで 2 つありました。大日本帝国憲法と，現行の憲法である日本国憲法です。

● ● ● ● ● ● ● ● ●

1 日本の近代化と憲法

▇1▇ 「憲法」の再発見

　日本史で最初に登場する「憲法」は，604 年に定められたとされる，十七条
の憲法です。「憲法」という言葉自体は，日本にも古くから存在していました。
ただし，十七条の憲法は，仏教を尊ぶべきことや，役人や貴族の仕事の心構え
を説くもので，この本で扱う近代の憲法とは，全く関係がありません。

　「憲法」は，近代の日本で，再発見されました。幕末から明治初期にかけて
の日本は，近代国家に生まれ変わるために，欧米の進んだ文物を積極的に導入
しました。鉄道や電灯，洋服のような目に見えるものだけではなく，政府や政
党，会社といった仕組みや，民法や刑法などのルールも，フランスやドイツ，
イギリスを模範にして作られていきました。議会や裁判所，国民の権利を定め
た憲法は，国家の根本となるルールとして知られていくようになります。

▇2▇ 近代国家と憲法

　この章で見ていくように，日本の憲法の歩みは，日本の近代の歴史とともに
あるといってよいでしょう。日本がお手本にした外国についても，ほぼ同じこ
とがいえます。たとえばアメリカでは，イギリスから独立をしたときに連邦憲
法（1787 年）を制定しました。また，奴隷解放をめぐる南北戦争（1861-65 年）
の後には，黒人の権利のための大幅な憲法改正をしています。現在のフランス

は，「第5共和政」と呼ばれることがあります。王政から共和政，帝政の復活，戦争と占領，植民地の独立など，フランスという国は何度か大きな変化を経験し，その都度憲法も変わってきました。現在のドイツの憲法は，ナチス・ドイツの人権蹂躙への反省から，**人間の尊厳**の不可侵を冒頭に掲げています。

憲法を抜きにしては，近代の国家を語ることはできません。もちろん，近代より前にも，国や政府の基本を定めたルールは存在していました。この意味では，あらゆる国家には「憲法」があるといえます。こうした「憲法」と，日本国憲法を含む近代の憲法とは，一体どこが異なっているのでしょうか。

3 自由民権運動と立憲政体樹立の詔

明治維新の後，しばらくは，維新で功績をあげた少数の人々が，政府を動かしていました。次第に，政府の中で意見が対立し，佐賀の乱（1874年）や西南戦争（1877年），政府首脳の暗殺事件も起こります。意見の対立を武力で解決していては，国や社会は不安定なままです。また，維新の「四民平等」というスローガンは，それまでの，支配する側（武士）と支配される側（民衆）との明確な区別を失わせました。身分の違いがなくなれば，国や政府のあり方に関心や意見をもつ人々が増えていくのは，自然なことです。地租改正や徴兵令（いずれも1873年）は，人々の負担を増やし，政府に対する不満も高めました。

こうした政府への批判や不満は，次第に，議会や選挙といった外国の先進的な法制度を，日本にも導入することの要求へとつながっていきます。この**自由民権運動**は，国民の政治参加の機会の保障や，近代的な議会制度の設立を求めるものでした。1875年には，政府も立憲政体樹立の 詔 を出し，翌年からは憲法の草案の検討も始まりました。国会の開設に備えてさまざまな政党が結成され，民間の憲法案（私擬憲法案）も盛んに発表されました。もっとも，自由民権運動に対しては，言論や集会を規制する法令による弾圧も行われました。

2　明治憲法

■1■　1889年の憲法——大日本帝国憲法

　1889年に制定された**大日本帝国憲法**（明治憲法）は，明治天皇が定めた，欽定憲法です。実際に憲法の条文を起草したのは，伊藤博文や井上毅ら法制官僚です。とくに伊藤は，政府の高官でありながら，長期間の海外調査にも直接出向いて，ドイツやオーストリアの公法学者の講義を受けています。

　明治憲法は，日本初の近代的な憲法です。国を治める権限である統治権を天皇がもち，帝国議会，国務大臣，裁判所が，それぞれ天皇の立法権，行政権，司法権の行使を助ける仕組みになっていました。国民は，「臣民」と呼ばれ，納税と兵役の義務を課され，所有権や言論・集会の自由，裁判を受ける権利，公務就任の資格などを認められました。ただし，こうした臣民の権利は，あくまで「法律の範囲内」で保障されるものです。政府は法律を制定することで，権利を自在に制限することができました。これを，**法律の留保**といいます。

■2■　明治憲法と学校教育——教育の勅令主義

　明治憲法の下での天皇は，軍隊を指揮する統帥権，官僚の人事権，宣戦布告や講和の外交権限ももちました。これらの権限を行使するために，天皇は，法律と同等の効果をもつ天皇の命令，**勅令**を発することができました。

　日本の近代の学校教育は，明治憲法の制定より前から，「学制」や「教育令」によって少しずつ整備されていました。憲法の制定後は，学校の種類や教育課程，教員の地位，就学義務などは，勅令で定められるようになりました。これを教育の勅令主義といいます。初等教育では，小学校令（1886（明治19）年勅令14号）や国民学校令（1941（昭和16）年勅令148号）などがありました。

　小学校教員の給料を補助し，義務教育の財政を助ける「国庫補助法」という例外もありましたが，明治憲法の下での学校教育は，帝国議会の作る法律では

なく，天皇の命令である勅令に基づくものであったことは重要です。天皇といえども，（一応，戦前は「神様」扱いでしたが）一人の人間ですから，その仕事を誰かがサポートしなければなりません。学校教育の場面でこの役割を担っていたのが，文部省でした。1903年以降は，教科書の国定化も完了し，学校教育の全般にわたって，文部省は大きな権限を行使しました。

3　教育勅語体制

　明治憲法の下での学校教育は，天皇や国家への忠誠や服従を子どもたちに身に付けさせるための性質が強いものでした。憲法制定の翌年，1890年に，**教育勅語（教育に関する勅語）**が発布されました。教育勅語の文言は，漢文調で非常に難解ですが，「一旦緩急アレハ義勇公ニ奉シ」*1，「忠良ノ臣民」とあり，学校教育の基本を「忠君愛国」としていました。

　また，教育勅語は，「修身」と呼ばれた道徳教育を含む，教科の基本としても用いられました。天皇の祖先である神様（天照大神）が日本という国を創めた（天孫降臨），天皇の家系・血筋はただ一つ，途切れずにずっと続いてきた（万世一系）という神話，フィクション，作り話が，歴史教育にも強く反映されました。小学校の「国史」（日本史）の教科書は，「天照大神」から始まります。

　教育勅語が記された冊子は，全国の学校に配布され，その冊子自体も恐れ多いものとして，丁重に取り扱われるようになっていきます。学校の式典では，厳粛な雰囲気の中で勅語の奉読が行われ，冊子は，天皇皇后の写真（御真影）とともに，特別な建物（奉安殿）に収められるようになりました。

4　明治憲法体制の行き詰まり

　1925年の男子普通選挙に至る選挙権の拡大や，大正デモクラシーなどの政党政治の発展，水平社の部落解放運動など，明治憲法の下でも，近代憲法の定め

＊1　緩急：緊急事態のこと。

る議会政治や国民の権利の保障は，ある程度進展しました。立憲主義や民主主義の萌芽があったことは，後に重要な意義をもってきます。

　もっとも，この明治憲法体制は，長い戦争に向かう中で，やがて自壊していきます。1942年に行われた衆議院議員選挙は，当初の選挙日から一年を延期して実施されただけではなく，「翼賛選挙」と呼ばれる，およそ民主的とは言えないものでした。立候補者を政府があらかじめ決定（推薦）し，推薦を受けずに立候補した者に対しては，警察や学校を使ってさまざまな嫌がらせが行われました（ただしこの選挙は不正なものとして，その一部を無効とする大審院の判決も出されました）。戦時下の物不足のエピソードで紹介される配給や供出の制度は，明治憲法が保障していた所有権の否定にほかなりません。

　学校教育もまた，就学期間の短縮や，軍事教練，工場動員などによって次第に骨抜きになっていきます。軍国主義が学校教育に反映され，教育勅語の「公ニ奉シ」は，文字通りの「命」を捧げることとされるようになりました。若者は戦争に駆り立てられ，そして多くの命が失われました。

3 日本国憲法

1 日本国憲法の制定過程

　日本が敗戦にあたって受け入れた**ポツダム宣言**は，日本の民主主義の「復活強化」や「基本的人権の尊重」の確立を求めていました。これは，連合国（アメリカ）による日本占領の終了の条件でもあります。したがって，明治憲法を，より民主的で，人権保障に手厚い憲法へと改正することになりました。

　占領下で制定された日本国憲法を，アメリカから強要された，「押しつけ憲法」だと批判する人もいます。日本政府が作成していた憲法改正案は，天皇の統治権や勅令制度，法律の留保をそのままにしていました。この案をスクープした新聞は，「立憲君主主義を確立」と報じました。GHQ は，この案を拒否し，自ら憲法改正案を作成し，それがもとになって日本国憲法は起草されました。

　明治憲法の改正案は，1946年6月から，帝国議会で審議されました。憲法改

正に先駆けて，前年の1945年12月に衆議院議員選挙法が改正されていたため，この時点の帝国議会には，日本史上初の女性議員39名も加わっていました。いくつかの修正を経て，帝国議会では大差で改正案が可決されました。

2　1946年の憲法──日本国憲法

日本国憲法は，1946年11月に公布され，半年後の1947年5月に施行されました。君主制から**国民主権**へ，軍国主義から**平和主義**へ，臣民の権利から**基本的人権の尊重**へ，というその変化は，憲法の改正というよりは，新しい憲法の制定のようです。日本国憲法は，「新憲法」と呼ばれることもありました。

憲法の前文は，主権が国民にあること，国政は国民の信託を受けて行うものであること，権力を行使するのは国民の代表者であることなどを宣言しています。天皇は，支配者から象徴の地位に退き，内閣の助言と承認に基づいて国事行為を行い，国政に関する権能は一切有しないことになりました。勅令制度は廃止され，皇位の継承は，国会が定める皇室典範に従って決められます。

明治憲法の下での天皇は，陸海軍の総司令官でもありました。敗戦を機に，日本軍の武装解除と復員が進められていましたが，日本国憲法は，今後は軍事力の保有と行使をしないことを宣言しました。憲法第9条の平和主義です。

臣民の権利に代わって，法律や政府の命令からも保護される基本的人権が保障されるようになりました。基本的人権は，①固有性，②普遍性，③不可侵性を備えたものと考えられています。人権は，人間であれば誰でも，生まれた瞬間からもっているもので，国家や政府から与えられるものではありません。また，性別や人種にかかわらず，人権は保障されます。国家権力であっても，人権を不当に侵害することは許されません。

人権の種類も大幅に増えました。言論の自由や信教の自由といった「**国家からの自由**」だけではなく，人間らしい生活を送るための生存権や，成長に不可欠な教育を受ける権利も，憲法が保障するようになりました。これらの権利を，「**国家による自由**」，社会権といいます。さらに，第13条の包括的基本権は，憲法には書き込まれていない権利が，新しく生み出される可能性を示しています。

プライバシー権や環境権が，「**新しい人権**」とされることもあります。

3　日本国憲法を支えるさまざまな法制度

　日本国憲法の制定に前後して，憲法が保障するさまざまな権利を具体化する法律も制定されました。たとえば，1946年に制定された（旧）**教育基本法**は，その前文で，民主的・文化的な国家の建設と，世界平和と人類の福祉への貢献という理想は，「教育の力にまつべきもの」と述べていました。法が定めていた教育の機会均等（第3条，現行法第4条）や9年間の普通教育（第4条）は，憲法第26条の教育を受ける権利を具体化したものです。

　同じ社会権の分野では，労働者の権利を守るための労働基準法や労働組合法があります。被疑者・被告人の権利に対応するために，刑事訴訟法も1948年に制定されました。民法も，夫婦財産の平等や婚姻の自由を規定しました。

　このような，憲法と関わりが深いさまざまな法令や制度について知ることも，憲法を学ぶうえでは重要です。

4　国際的な人権保障の広がり

1　国際的な人権保障

　基本的人権の保障については，現在では，国際社会のレベルでも一定の進展が見られます。まず，EU（ヨーロッパ連合）のように，国家を統合した政府が存在するところでは，**国際人権法**が，国内の憲法と似た働きをしています。たとえばヨーロッパには，欧州人権裁判所があります。人権条約に加盟している国の住民や団体は，加盟国を被告にして，人権侵害を裁判で訴えることができます。第一ラウンドの国内裁判所での違憲訴訟に負けた場合，第二ラウンドが欧州人権裁判所でできるということです。アフリカにも，これに似た仕組みがあります。日本を含むアジアには，今のところ，こうした仕組みはありません。

2 　代表的な国際人権法

　もう一つの国際的な人権保障の仕組みとして，国際人権条約に加盟した国の政府に，国内での人権保障を求めるやり方があります。歴史的には，こちらのやり方の方が古く，1948年の**世界人権宣言**や，1969年の**国際人権規約**といったものが当てはまります。国際人権規約は，加盟国がその国の中で，人権条約上の権利をきちんと保障しているかどうかを問題にします。人権侵害が疑われる事例や問題がある場合，調査を行い結果を公表したり，加盟国に人権侵害を止めるよう勧告したりすることがあります。しかしながら，直接裁判をして，加盟国に対して人権保障を義務付ける，といったことはできません。

　児童の権利に関する条約や女性差別撤廃条約，障害者の権利に関する条約など，現在では，多くの国際人権法があります。1966年の「教員の地位に関する勧告」も，教員の権利や教員養成課程について書かれた重要な文書です。

5 　憲法をどのように学ぶか

1 　「法教育」の観点から

　近年，その重要性が指摘されている**法教育**は，「法律専門家ではない一般の人々が，法や司法制度，これらの基礎になっている価値を理解し，法的なものの考え方を身に付けるための教育」と定義されています[*2]。最後に，この定義に沿いながら，これからの憲法の学習に必要なことを確認していきましょう。

2 　憲法の条文とその解釈

　まずは，憲法の条文や，その解釈について知ることが必要です。憲法の条文がどのように解釈されているのかは，裁判所の判決や決定といった判例や，憲

＊2　法教育研究会「報告書　我が国における法教育の普及・発展を目指して——新たな時代の自由かつ公正な社会の担い手をはぐくむために」2004年，p. 2。

法学の学説を調べることで知ることができます。複数の憲法解釈が示されている場合は，どの解釈に説得力があるかについても考えてみましょう。

３　憲法の実現・保障のための仕組み

　私たちは，たいていの場合，ルールに従い，ルールを尊重しながら生きています。しかしながら，時折，ルール違反や，何が正しいルールなのかについての争いが起こります。法律や憲法をめぐる法的紛争の解決は，裁判所をはじめとした司法制度が担っています。

　民主主義や人権保障を定めた憲法に違反することが行われた場合，大変重大な問題になります。そこで日本国憲法は，憲法を**最高法規**として，それに違反する法律や政令，政府の行為を無効にすると宣言しています（第98条）。そして，憲法違反があるかどうかを，裁判所が判断する司法審査制度も定めています（第81条）。このような，憲法を保障，実現する仕組みを理解することも必要です。

　私たちの人権が日常生活で尊重されるためには，公務員（公立学校の教員を含む）が，憲法を順守しているかどうかにも大きく左右されます。裁判だけが憲法を語る場面ではありません。労働基準監督署のように，憲法が保障する労働者の権利の保障を担う政府の一部門もあります。弁護士も，裁判の当事者の人権の保障を支えています。

４　日本国憲法を支えるさまざまな価値

　憲法の条文の背後には，個人の尊重や人間の尊厳，自由主義，男女の平等，平和主義といった考え方があります。こうした憲法を支える基本的な価値について学び，考えていくことも憲法の学習の不可欠な一部分です。「ルールはルール」ではなく，なぜそうしたルールが必要なのか，ルールの内容は目的と適合したものなのか，ということを，じっくりと考えてみましょう。

　憲法の条文のほとんどは，短く，抽象的なものです。司法審査の場面で裁判

所が憲法解釈をするときにも，基本的な価値の内容は重要な判断基準の一つになります。こうした価値は，原理と呼ばれることもあります。

5 法解釈の技術

　法的三段論法や，反対解釈，類推解釈といった，法解釈の技術，テクニックがあります。[*3]　故意や過失，善意（民法第94条第2項），悪意といった，日常用語とは一味違った法学特有の用語を理解することも必要です。司法審査の場面では，厳格審査や比例原則といった，憲法解釈のための技術や作法も出てきます。

　こうしたテクニカルな意味での法的な思考方法だけではなく，憲法問題を考えるうえでは，社会学や経済学，政治学，歴史学などの他の社会科学の分野の知見も必要になります。しばしばこうした他流試合をすることも，憲法を学ぶことの面白さの一つではないでしょうか。

 まとめ ●
　　日本における近代的な憲法として，大日本帝国憲法と日本国憲法があります。現行憲法である日本国憲法は，国民主権，基本的人権の尊重，平和主義を保障しています。憲法の条文をただ暗記するだけではなく，憲法がどのように実現し，保障されているのか，その背後にある基本的な価値はどのようなものかを考えていくことが，より充実した憲法の学習に結び付いていくでしょう。
● ●

---

*3　「ここでは犬を走らせてはいけません。違反者は罰金10万円とする」という看板が，ある公園に置かれていたとする。あなたは，飼っているミニブタの「トム」を連れて公園に来ている。犬はダメだが，犬以外の動物なら走らせてもよいのだろう，と考えるのが，反対解釈。足が4本あり，芝生や砂場を荒らすおそれがあり，苦手な人や怖がる人も公園の利用者の中にはいるだろう，と思って，犬がダメなら豚もダメだな，と思うのは類推解釈である。結局あなたは，「トム」を公園で走らせてしまったとする。この具体的な事実と，大前提であるルールとを結び付けて，法的な効果の結論を出すことが，法的三段論法である。もし類推解釈をする場合，犬などの動物を走らせてはいけないというルール（大前提）があるのに，豚の「トム」を公園で走らせたあなた（具体的事実）は，罰金10万円を支払わなければならない。

さらに学びたい人のために

○斎藤一久（編著）『高校生のための憲法入門』三省堂，2017年。

　　男女交際禁止の校則，消費税アップ，犯罪の匿名報道など，身近な問題と憲法との関わりを丁寧に解説する入門書です。高校生や中学生に憲法のことをわかりやすく語りかける本書は，教職を目指す皆さんにとって，二重の意味で役に立つのではないでしょうか。

○鈴木昭典『日本国憲法を生んだ密室の九日間』KADOKAWA，2014年。

　　GHQ 案の作成経緯を明らかにしたテレビ・ドキュメンタリーが書籍化・文庫化されたものです。GHQ 案の起草委員会には，最若年で当時22歳だったベアテ・シロタ・ゴードンをはじめとして，政治学や法学，ジャーナリズム，語学などさまざまな分野の専門家が加わったことなど，詳細がわかりやすくまとめられています。

第2章

憲法の私人間効力論
―― 「いじめ」は人権侵害?――

● ● ● 学びのポイント ● ● ●

- 「いじめ」は,誰の,どのような権利を侵害するのか,考えてみよう。
- 「いじめ」の防止のための国や地方公共団体,学校,教師の責任を明記した,いじめ防止対策推進法の内容を理解しよう。
- 「いじめ」やセクシャル・ハラスメントなどの私たちの日常生活で起きるさまざまなトラブルの場面で,憲法はどのような役割を果たしているのかを理解しよう。

WORK 「いじめ」は人権侵害？

法務省のバナー（人 KEN まもる君）

① 「いじめ」は私たちのどのような権利を侵害するのか，思いつくもの
を書き出してみよう。

② 自分の通っていた学校の「いじめ防止基本方針」の内容について調べ
てみよう。

③ 国や地方公共団体，学校，教師，保護者は，それぞれ，「いじめ」の
防止のためにどのような責任を負っているのか，グループで話し合って
みよう。

● 導　入 ● ● ● ● ● ●
　「いじめ」は，1980年代に「発見」されて以来，日本でも，繰り返し社会問題に
なってきました。2013年には，いじめ防止対策推進法が制定され，国や地方公共団
体，学校，教師には「いじめ」を防止する責任があることが明記されました。被害
者の生命や財産，身体を危険にさらす「いじめ」は，人権侵害の一種であるといわ
れることがあります。憲法の目的は，私たちの生命や財産，身体に関わる権利であ
る，基本的人権を守ることです。それでは，人権を守るための憲法なのだから，
「いじめ」は憲法によっても禁止されている，ということになるのでしょうか？
● ● ● ● ● ● ● ● ● ●

1 「いじめ」と法

■1■ 「いじめ」問題の「発見」

　学校での「いじめ」の問題は，1980年代半ばに日本やスウェーデンなどで新
たに「発見」され，日本では，その後ほぼ10年おきに，大きな社会問題となっ
ています。最近では，滋賀県大津市の公立中学校の男子生徒がその前年に「い
じめ」を苦にして自殺していたのに，学校や教育委員会が適切な対応をとらな
かったことが大きな問題になりました。2012年の「大津いじめ事件」です。

　文部科学省の調査によると，2018年度に小学校や中学校，高校，特別支援学
校で認知された「いじめ」は，54万3,933件（前年度は41万4,378件）でした。こ
のうち，602件（前年度は474件）は，「いじめ」の被害にあった児童・生徒が自
殺したり重い障害を負ったりした「重大事態」です。

　「いじめ」は誰でも経験する通過儀礼だ，被害者側にも落ち度がある，子ど
もの問題に大人が干渉するべきではない，といった考えをもつ人たちも，以前
は多くいました。しかし現在では，「いじめ」の深刻さや，その発生のメカニ
ズム，具体的な防止の方法などの研究が進展し，学校や教師は，「いじめ」の
防止に真剣に取り組まなければならないと考えられています。

大津いじめ事件をきっかけに，議員立法でいじめ防止対策推進法が制定され
ました。この法律は，「いじめ」を「児童等に対して，当該児童等が在籍する
学校に在籍している等当該児童等と一定の人的関係にある他の児童等が行う心
理的又は物理的な影響を与える行為（インターネットを通じて行われるものを含
む。）であって，当該行為の対象となった児童等が心身の苦痛を感じているも
の」と定義しました（第2条第1項）。

この法律によって，国や学校は，「いじめ」の防止や早期発見，認知した
「いじめ」への対応の方法などを記した「いじめ防止基本方針」をつくること
を義務付けられました（第11条，第13条）。また，児童・生徒からの相談などを
通じて「いじめ」を見つけた学校は，学校を管理している地方公共団体などに
対して，「いじめ」があったことを報告しなければなりません（第23条第2項）。
もし「重大事態」に発展した場合は，事件の解明や再発の防止のための調査委
員会を立ち上げ，「いじめ」の被害者やその保護者に情報を提供し，地方公共
団体の議会に報告をすることも求められています（第28条，第31条など）。

2017年に文部科学省は，国の「いじめ防止基本方針」を改定し，教師には
「いじめ」に関する情報を常に共有しておく義務があることや，いわゆる「原
発避難者いじめ」やLGBTの児童・生徒への「いじめ」についての特別な配
慮が必要であることを書き加えています。

3　「いじめ」は人権侵害？

たとえ子ども同士の「いじめ」であっても，激しい暴行にエスカレートして
身体が傷つけられたり，大津いじめ事件のように被害者が自殺に追い込まれて
生命そのものが奪われたりすることもあります。また，「いじめ」の加害者が
被害者に金品を要求し，100万円を超える財産上の被害が出た事例もあります。
「いじめ」の被害者は，不登校になったり，学校の授業や行事への参加ができ
なくなったりすることもあります。この場合，被害者は，教育を受ける機会，

教育を受ける権利を不当に奪われていると言ってもよいでしょう。インターネット上で行われる「いじめ」では、その様子が全世界に知れ渡ることによって、被害者の評判や名誉がひどく傷つけられることもあります。

　こうしてみると、「いじめ」は、生命や身体、財産、名誉などに関わる権利や教育を受ける権利を侵害するのだから、人権侵害である、と言うこともできそうです。いじめ防止対策推進法は、児童・生徒は「いじめを行ってはならない」としています。ただし、罰則などはありません（第 4 条）。

2 　憲法上の権利の対国家性：憲法を守るべきなのは

■1■　公権力と公務員

　私たちの生命や身体、財産、名誉に関する権利や、教育を受ける権利は、日本国憲法の人権カタログの中でも保障されています。「いじめ」が人権侵害であるとするなら、いじめ防止対策推進法のような法律だけではなく、憲法も「いじめ」を禁止している、ということになるのでしょうか。

　意外に思われるかもしれませんが、憲法学では、憲法は「いじめ」を禁止していない、と考えています。なぜ、こういうことになるのでしょうか。

　憲法はそもそも、生まれながらにして誰もが皆もっている生命や身体、幸福追求のための権利（自然権）をよりよく保護することを目的に作られたルールです。この目的を達成するために、日本国憲法は、社会生活上のさまざまなルールを定めたり、発生したトラブルを解決したりすることを仕事とする立法権や行政権、司法権といった、公権力を設立しています。この公権力の担い手が、国会議員や国務大臣、労働基準監督官、警察官、裁判官などの公務員です。この人たちは、私たちのような一般市民、私人とは違って、法律などに基づく必要はありますが、他人に命令や強制をする力、公権力をもっています。

2　憲法の対国家性——憲法は公権力が守るべきルール

　もし公権力の担い手である公務員が，その権限や人員，財力を，権力者やその周辺に侍る人たちの自己満足のために使い始めると，公権力を設立するときの目的であったはずの自然権の保護が，十分に行われなくなります。そこで憲法は，公権力が濫用されないように，公務員がやってはいけないことをさまざまに規定しています。日本国憲法第99条は，天皇や国務大臣，国会議員，裁判官などの公務員に対して，憲法を尊重し擁護する義務を課していますが，この**憲法尊重擁護義務**は，国民には課されていません。財産権や表現の自由を侵害してはならない，基本的人権を侵害してはならない，憲法をまず守らなければならないのは，公権力や公務員であって，私たち一般市民ではありません。このことを，**憲法の対国家性**とか，憲法の名宛人は国家権力，ということもあります。

3　「人権」と「憲法上の権利」

　ところが，1948年の世界人権宣言を記念して毎年12月上旬に設定されている「人権週間」や，学校の「人権学習」では，公権力による人権の侵害よりは，「いじめ」やセクハラ，家庭内暴力，児童虐待などに焦点が当てられています。こうした社会生活上のトラブルは，公権力と私人の間ではなく，私人と私人との間，私人間の問題です。そこでは，法務省や地方公共団体は，人権を守るための組織である「人権擁護機関」とされ，国や地方公共団体が基本的人権を侵害するかもしれない，という心配はあまりされていません。

　もちろん，公権力を設立した目的は，私たちの自然権を守ることですから，政府や公務員はその仕事をするときに常に人権を擁護する義務を負っています。その一方で，そうした通常は人権を擁護している公権力が，しばしば私たちの権利や自由を侵害することがあり，それに対する防波堤として憲法があるということを忘れてはなりません。

　そういうわけで，私たちが日常的に使う用語の「人権」と，憲法に書かれて

いる対国家性をもつさまざまな権利，以下では，「憲法上の権利」と呼ぶもの
とは，分けて考えておくほうがよいでしょう。

４　学校における憲法上の権利の侵害の例

　学校でも，憲法を守るべきなのは，国や地方公共団体が管理している国公立
の学校や公務員である教師など，公権力に属する側ということになります。

　2015年に18歳選挙権が実現したので，18歳になった高校生は，参政権を認め
られました。もし，大学受験のための課外授業や部活の練習の妨げになるから
といって，有権者の生徒に対して，放課後に投票に行くのを公立高校が禁止し
たとしたら，どうでしょうか。これは，憲法上の権利である参政権の侵害にな
ります。また，学校外で休日に行われる政治集会やデモに参加してみたいと思
った生徒に対して，事前に担任の許可を得ることを校則で一方的に義務付けた
としたら，どうでしょうか。これは，憲法第21条によって保障されると考えら
れている，政治活動の自由の侵害になる可能性があります。

3 憲法の私人間効力について考える意味

１　私大生の政治活動の自由

　では，もし同じようなことが，公権力の側に属している国公立の学校ではな
く，私立の学校で起こった場合には，どのように考えればよいでしょうか。

　昔，ある私立の女子大学では，「生活要録」という学生が守るべきルール集
の中で，学外の団体に加入したり，署名運動や投票をしたりする場合には，事
前に大学に届け出て許可を得なければならないと決められていました。あると
き，学校に届け出をせずに学内で署名運動をした学生たちと大学との間でトラ
ブルが起きました。この署名運動は，当時，国会で審議されていた法案に反対
する請願のための署名を集めるもので，ある種の政治活動でした。大学側は，
事前の許可を得ずに政治活動をした学生のルール違反をとがめて，その氏名を

出席簿から抹消しました。学生側は，大学のそうした対応は，政治活動の自由を不当に制限するものだと主張して，ラジオや週刊誌などで大学を批判する発言を繰り返しました。最終的に，大学は学生を退学処分にしましたが，学生はその処分が憲法などに違反するとして裁判所に訴えました。

2 昭和女子大学事件最高裁判決

この事件は，昭和女子大学事件と呼ばれています。私人である学生と，同じく私人（法人）である私立大学との間のトラブルです。憲法の対国家性という考え方を徹底すれば，ここで日本国憲法の出番はありません。

1974年7月19日の**昭和女子大学事件最高裁判決**は，①学生の政治活動を制限している「生活要録」が日本国憲法に違反しているかどうかを判断する必要はないこと，②大学はその設置目的を達成するために学生が守らなければならないルールを一方的に定める権限をもつこと，③そのルールの適用にあたっても広い判断権限（裁量）をもつことを指摘したうえで，④学生の退学処分は有効である，と述べました。

3 「社会的権力」としての私立学校

たしかに，私立学校には独特の「建学の精神」や「校風」があり，その基本理念に共感できるような学生や生徒を募集しています。学生や生徒は，別の学校を選択することや，「校風」が自分には合わないと感じたら自主的に退学することもできます。

もっとも，「嫌ならやめればいい」では済まない場合も多くあります。全国で私立学校に通う学生や生徒の割合は，高校で3割，大学では8割と言われています。さまざまな事情からやむを得ず私立高校に進学した生徒に対して，今通っている高校をやめて来年の4月から別の高校に通いなおせばよい，というのは無茶な言い方のように思えます。政治的な問題に対する率直な意見の表明や，選挙での投票を妨害されたと感じている学生の気持ちを考えれば，その相

手が国公立大学であろうと，私立大学であろうと，同じことかもしれません。

　学校や教師は，学生や生徒に対して単位認定や卒業判定の権限をもち，勉強以外でも生活指導などを日常的に行っています。公権力と一般市民の間に歴然とした力の差があるように，学校と生徒の間には，はっきりとした力の差があるということになります。現代社会では，強大な力をもつ企業や団体が数多く存在しており，私たちが社会生活を送るうえでは，公権力だけではなく，こうした私的な権力，「社会的権力」ともある程度関わらざるを得ません。

4　憲法の私人間効力論

　そこで，公権力と私人の間と同じように，「社会的権力」と私人の間にも力関係の不均衡があるのだから，私人間であっても憲法が直接適用されるべきである，という考え方があります。これを憲法学では**直接適用説**と呼んでいます。

　「社会的権力」であっても，株式会社や学校法人などは私人であることには違いはないため，直接適用説は，憲法の私人間効力を認めているということになります。憲法は私人間効力をもつのか，もたないのか。効力をもつとして，その効力はどのように発揮されるのか。こうしたことについて考えるのが，この章のタイトルにもなっている，**憲法の私人間効力論**です。

4 憲法の私人間効力はどのようなものか

1　三菱樹脂事件

　しかし，最高裁判所や，日本の憲法研究者の多くは，直接適用説を支持していません。昭和女子大学事件最高裁判決の前年，1973年12月12日の**三菱樹脂事件最高裁判決**は，民間企業とその従業員との間で起きたトラブルを解決する際に，直接適用説を用いないとはっきりと述べました。

　この事件の発端は，大学在学中に学生運動と関わっていた経歴を隠して会社に採用された従業員が，入社試験の際に嘘の申告をしたということを理由に，

試用期間の後に本採用の拒否（実質的な解雇）をされたというものでした。当時，民間企業の多くは，在学中に学生運動に関わっていた人たちを積極的に採用しようとはしていませんでした。

学生運動への参加の有無を尋ねることは，どのような政治思想をもっているのかを尋ねることとほぼ同じです。会社は従業員を雇うときに，思想調査を行ってもいいのか，隠しておきたい思想を無理やり明らかにさせることは，「思想の自由」の会社による侵害になるのではないか，が問題になったのです。

裁判所は初め，直接適用説を用いて，「社会的権力」である企業は，従業員の思想の自由を侵害してはならないとしました。しかし最高裁判所は，憲法は公権力と私人との間のトラブルを解決するためのもので，私人間には直接適用されないと述べました。ただし，クビはさすがにやり過ぎということで裁判は続けられ，この従業員は，会社への復帰が認められました（そしてその後，子会社の社長になるまで出世しました）。この事件を，三菱樹脂事件といいます。

2 憲法上の権利同士の衝突──経済活動の自由 vs 精神的自由？

三菱樹脂事件で最高裁判所は，従業員側が思想の自由をもつとすれば，会社側は，どのような者を雇うかという雇用の自由，経済活動の自由をもつと指摘していました。もし裁判所が，会社はあらゆる思想をもつ人を採用しなければならない，と企業に命じた場合，それは企業の経済活動の自由を侵害する可能性があるということです。第3章でもみるように憲法上の権利は，自然人だけではなく，会社や私立学校などの法人にも保障されると考えられています。公権力と私人の間のトラブルの場合とは異なり，私人間のトラブルでは，憲法上の権利同士が衝突することがあります。裁判所は，どちらの味方をするべきでしょうか。直接適用説を用いると，このような難しい問題にぶち当たってしまいます。

また，あれもこれも憲法上の権利の侵害ではないか，というふうに裁判所に

＊1　**学生運動**：1950年代から1970年代にかけて盛んだった，大学生が中心になって行うデモや政治集会，演説会などの政治活動のこと。

たくさんの事件がもち込まれると，公権力による憲法上の権利の侵害の問題を扱う余裕が，裁判所にはなくなってしまうかもしれません。また，憲法違反になる，ということは，大変パンチ力のある，権力者に「ガツンと言う」ことなのです。これが，社会生活上のあらゆるトラブルに憲法が適用され，何でもかんでも憲法違反になるかもしれない，となると，「憲法違反だ！」ということのパンチ力も下がってしまうかもしれません。

3　憲法の間接適用説と一般条項

　もっとも，私人間のトラブルであっても，自由や平等の侵害が社会的な許容度を超えた場合，要するに，やり過ぎであるような場合には，民法の一般条項や労働法などの法律を適切に裁判所が解釈することで，「社会的権力」と私人との間の利害を調整できる，と三菱樹脂事件最高裁判決は付け加えています。この考え方は，憲法は直接的には私人間には適用されない（直接適用はされない）けれども，私人間のトラブルに適用されるさまざまな法律を裁判官が解釈する際に憲法が一定の指針を示す，という意味で，**間接適用説**と呼ばれています。

　私人間のトラブルに適用されることが多いのは，民法です。民法には，「公の秩序又は善良の風俗に反する事項を目的とする法律行為は，無効とする」（第90条）や「故意又は過失によって他人の権利又は法律上保護される利益を侵害した者は，これによって生じた損害を賠償する責任を負う」（第709条）といった条文があります。こうした条文が一体何を意味しているのかは，一見すると明らかではありません。これは逆に言うと，法律の条文の意味を決めるとき，つまり，法律を解釈するときに，裁判官には広い判断の余地があるということになります。

　民法第709条は，不法行為といって，わざと（故意）や，うっかりしていて（過失），他人の生命や身体，財産，名誉を害したときには，相応の損害賠償を支払わなければならないと決めています。第709条がこういう書き方をしているので，何が不法行為になり，どのくらいの賠償金を支払わなければならない

かは，時代や社会情勢に合わせて，裁判官が柔軟に判断をすることができます。

　たとえば，一昔前の日本では，タバコはいつでもどこでも吸ってよいものでした。駅や電車，会社の大部屋だけではなく，小学校の教室や病院の待合室でも，タバコを楽しむ大人たちの姿を見ることができました。しかし21世紀の現在，タバコを吸うことができる場所は，厳しく制限されています。もし，熱を出した子どもがぐったりして順番を待っている待合室でタバコを吸おうとする人がいたら，どのような目で見られるでしょうか。最近では，健康への意識の高まりやタバコの有害性を踏まえて，マンションのベランダでの喫煙が，別の部屋の住民に対する不法行為になり得るという判決も出されています。

　民法第90条や第709条のような，裁判所による解釈の幅が非常に広く，色々な場面に応用できるルールを定めた条文のことを，一般条項といいます。

4　日産自動車事件

　1981年3月24日の**日産自動車事件最高裁判決**は，ある会社の男女別定年制を，性別のみによる不合理な差別であり，一般条項である民法第90条に違反すると判断しました。これも一昔前まで，多くの会社は，男性は55歳，女性は50歳で退職しなければならないといった，女性従業員にとって不利な仕組みを採用したり，そもそも管理職になることができる特定の職種（いわゆる総合職）には女性を採用していなかったりしました。しかし最高裁判所は，こうした女性に不利な，男女差別的な仕組みは，「公の秩序又は善良な風俗」，言い換えると，ものごとの良し悪しに関する社会一般の意識とズレていると判断したわけです。

　ここで最高裁判所は，男女差別が悪いことである，という判断の根拠の一つとして，男女差別を禁止した憲法第14条をあげました。憲法の理念が，一般条項の解釈を通じて，男女差別的な会社の仕組みを変えさせた，ということで，日産自動車事件最高裁判決は，間接適用説を用いたものと考えられています。

　現在では，雇用や就業での男女差別は，雇用の分野における男女の均等な機会及び待遇の確保等に関する法律，いわゆる男女雇用機会均等法（1972年法律113号）で規制されています。公権力に属する官公庁だけではなく，民間企業

も，今では雇用にあたって男女差別をすることは法律で禁止されています。

　また，主に男性が女性に行うことが多いセクハラも，被害者の権利や尊厳を侵害する重大な問題であるということが認識されるようになっています。

5　憲法は「いじめ」を直接的には禁止していない

　「いじめ」については，エスカレートした暴力や恐喝は，不法行為による損害賠償責任や刑法による処罰の対象にもなります。いじめ防止対策推進法が，「いじめ」の防止などについて学校や教師，教育委員会などの責任を明確にしたことの理由は，「いじめが，いじめを受けた児童等の教育を受ける権利を著しく侵害し，その心身の健全な成長及び人格の形成に重大な影響を与えるのみならず，その生命又は身体に重大な危険を生じさせるおそれがあるものである」からです（第1条）。「いじめ」は私人間のトラブルであるため，憲法は「いじめ」を直接的に禁止してはいません。しかし，「いじめ」は児童・生徒のさまざまな権利を侵害するものなので，法律がこれを禁止しているわけです。

　このように，現在では憲法をあえてもち出さなくとも，「いじめ」やセクハラなどの，私たちの生命や身体，財産の侵害や，職場や学校での不平等な取扱いは，法律で禁止され，その発生を防止するための仕組みも整えられてきています。そこで最近では，日本国憲法は，やはり公権力と私人との間の関係にだけ適用されるものであって，私人間のトラブルでは全く出番はない，一切適用されないという，**無適用説**も有力に主張されるようになりました。これは，最近（といっても2000年頃のことです）になって出てきた主張ということで，**新無適用説**と呼ばれることもあります。

5　憲法上の権利がよりよく保護されるためには

1　公権力による「いじめ」

　憲法の私人間効力論の背景には，何でもかんでも人権侵害と言ってしまうと，

公権力による憲法上の権利の侵害を防止するという憲法の本来の役割が十分に果たせなくなってしまうのではないか，という心配があります。

　実は日本では，憲法上の権利の保障も，必ずしも十分とは言えません。公立学校での体罰は，公務員である教師が，児童・生徒に対して行う「いじめ」やハラスメントと言ってもよいでしょう。公立高校の厳しすぎる校則，たとえば，生まれつき髪の色が茶色い生徒に対して，高校生は「黒髪」でなければならないことを理由に黒染を強要するといった問題が，現在の日本でも起こっています。これらは，児童・生徒の憲法上の権利の侵害であるおそれがあります。

　いじめ防止対策推進法が，学校に対して，「いじめ」の防止だけではなく，その実態調査や報告などを厳しく義務付けているのは，なぜでしょうか。大津いじめ事件がそうであったように，児童・生徒の間で起こる「いじめ」について，これまで学校や教師が十分な対応を取らないことが少なくなかったということが，その理由の一つです。言い換えると，私人間（児童・生徒間）でトラブルが起きたときに，公権力に属する教師や学校が，「いじめ」の加害者側に味方していたのではないか，ということです。

2　憲法の価値を市民社会に反映するためには

　私たちの生命や身体，財産の権利がよりよく保護されるためには，憲法上の権利が公権力によって尊重されていることだけではなく，私たち一般市民もまた，そうした権利をお互いに尊重し合うことが必要ではないでしょうか。

　アメリカでは，19世紀半ばの南北戦争後の憲法改正によって，奴隷制が廃止され，人種差別の禁止も宣言されました。しかし，一般市民の間での黒人に対する差別はなくならず，バスやレストラン，プールなどは，白人専用のものと黒人専用のものが分けられていたりしました。白人に反抗する黒人に対して，見せしめのために私刑（リンチ）がされることもありました。公権力の側も，白人と黒人の結婚を法律で禁止したり，人種別の公立学校をつくっていたりしました。たいていの場合，黒人専用の学校は，施設や教師の水準が低くなっていました。これらは人種分離政策（セグリゲーション）と呼ばれています。

こうした政策は，1950年代に公民権運動が盛んになり，ようやく改められていきます。その際は，公権力との関係での人種差別だけではなく，一般市民の間での人種差別，私人間の人種差別をなくしていくための取り組みも数多く行われました。同じことが，日本における「いじめ」や男女差別，ハラスメントの問題にも当てはまるのではないでしょうか。

③　憲法上の権利がよりよく保護されるためには

無適用説や間接適用説を採るとしても，個人の尊重や平等といった日本国憲法が掲げている基本的な価値が，私人間を規律する法律や制度に十分に反映されていることが望ましいことには変わりはありません。

この本の各章で論じられている，個人の尊重や平等，各種の自由権や社会権などに関する議論は，まずは公権力と私たち一般市民との間のトラブルを解決するためのものですが，同時に，市民生活における私人間の権利や平等の問題を考えるうえでの有益なヒントを，数多く含んでいるはずです。そして，そうした私人間の権利保障を検討していくことは，今度は反対に，憲法上の権利をよりよく保護していくことを考えるうえでも役に立つことでしょう。

 まとめ

　「いじめ」は，一般的には人権侵害と呼ばれることが多いですが，私人間のトラブルであるため，憲法上の権利の侵害と言うことはできません。憲法は公権力と私人の間のトラブルに適用されるルールであり，原則として私人間効力をもたない，私人間には直接適用されない，と憲法学では考えられています。ただし，現在では，「いじめ」の防止について国や地方公共団体，学校の責任を明記した「いじめ防止対策推進法」や，雇用や就業における男女差別を禁止した「男女雇用機会均等法」など，私人間における権利侵害や不平等を禁止する法律が多く整備されています。こうした法律や民法の一般条項が，個人の尊重や平等といった日本国憲法が掲げる基本的な価値も踏まえて解釈，適用されることで，憲法も私人間の法的関係に一定の影響を与えているといえます。

さらに学びたい人のために

○森田洋司『いじめとは何か――教室の問題，社会の問題』中央公論新社，2010年。

　日本や欧米の「いじめ」研究の進展を整理した本です。今後の「いじめ」対策は，被害者個人を救済するだけではなく，学校社会の問題として児童・生徒たち自らの手で「いじめ」問題を解決していくことも促すべきであり，市民性教育（シティズンシップ教育）の充実も求められるとしています。

○中富公一『自信をもっていじめに NO と言うための本――憲法から考える』日本評論社，2015年。

　「いじめ」の定義を丹念に検討しながら，「いじめ」を防ぎ，解決する教室づくりを，憲法や法律の視点から支援することを試みる本です。憲法研究者である著者は，自分の子どもが「いじめ」のために不登校になったことをきっかけに，「いじめ」問題の研究に積極的に取り組むようになりました。

○木下智史『人権総論の再検討――私人間における人権保障と裁判所』日本評論社，2007年。

　「社会的権力」である大企業は，「法人の人権」の主体でもあります。この本は，憲法の私人間効力論と「法人の人権」論の関係について，アメリカ法の理論や判例も参照しながら分析をする，かなり専門的な内容の本ですが，前半に，憲法の私人間効力に関する理論や判例の展開が整理されています。

第 3 章

人権の享有主体
——外国人と日本人の人権は同じもの？——

● ● ● ● 学びのポイント ● ● ●

- 人権の制限について考えてみよう。
- 法人や日本国籍をもたない外国人への人権保障について理解しよう。
- 外国人は公立学校の教諭になれるのか，あるいは，校長などの管理職につけるのかについて，人権享有主体性という観点から考えてみよう。

WORK 国籍によって人権は変化する？

① あなたが外国へ行ったときに，その国でどのような権利や資格を保障してほしいかを考えて，以下の表に記入してみよう。

	1～2週間の旅行	2年程度の留学	現地で結婚・永住
移動の自由			
営業・職業選択の自由			
公平な裁判を受ける権利			
平　等			
選挙権・被選挙権			
医療や福祉を受ける権利			
子どもの義務教育			

○：必ず保障してほしい　△：場合によっては保障されなくてもいい
×：保障する必要はない

② 日本に滞在している外国人について，どのような理由や立場で，どのくらいの人数が来ているのかを，調べてみよう。

● 導　入 ● ● ● ● ● ● ● ●

　人権は人であれば誰もが保障される権利です。しかし，日本国憲法に列挙された権利は，いつでも，誰でも，どこでも保障されるわけではありません。人権は他の人権との調整により制限されることがありますし，公務員など国家権力と特別な関係性をもっている場合にも制限されます。また，日本国籍をもたない外国人は，日本人ならば誰でも享受できる人権が適用されない場合があります。一方で，人権の重要性を考えれば，簡単に制限を認めることはできません。この章では公立学校の教員に国籍要件を課し，外国人の教員の道を閉ざすことが許されるか，といった人権の制限の問題について考えてみましょう。

● ● ● ● ● ● ● ● ●

1 人権の多様性と限界

■1■ 「みんなのため」に人権を我慢する？

　「ひとりはみんなのために，みんなはひとりのために」。三銃士の物語に登場し，最近では劇団四季の「ユタと不思議な仲間たち」というミュージカルでも繰り返し使われる言葉です。誰かのために行動したり，誰かのために自分が我慢したりすることは，一般に美しいことがらだと考えられています。反対に，自分のわがままを押し通そうとする人や，自分の利益ばかりを優先させる人はあまり好かれないかもしれません。

　人権は「わがまま」ではありませんが，これを行使することで他人を不愉快な気持ちにさせたり，邪魔になったりすることがあります。大通りでデモをすれば通行の妨げになりますし，赤ちゃんを寝かしつけているお母さんにとって昼間に大声で政治的な演説をされるのは迷惑なことかもしれません。人に迷惑をかけるような場合には，「ひとりはみんなのために」，人権の行使を控えるべきでしょうか？

　日本国憲法では，「**公共の福祉**」という言葉がいくつか使われています。第12条では，国民は人権を「常に公共の福祉のために」利用する責任を負うと規定しています。また，第13条では「生命，自由及び幸福追求に対する国民の権利については，公共の福祉に反しない限り……最大の尊重を必要とする」と規定しています。公共の福祉という言葉は，居住移転の自由や財産権を規定する部分にも登場しますが，これらの規定は「公共の福祉のため＝みんなのために」人権の制限が正当化されるということを示しているのでしょうか？

　この答えは「ノー」です。憲法制定直後には，個人の人権であっても，みんなのため，社会の多数派の利益のため，あるいは他人に迷惑をかけないために制約を受けるのはやむを得ないという考え方もありました。ところが，この考え方は日本国憲法が否定する明治憲法下での**法律の留保**論と同様の問題を引き起こします。法律の留保とは，人権は法律によって制限可能であるという考え方です。ところが，通常法律というのは公共の福祉のために作られます。そうなると，「法律による人権制約＝公共の福祉による人権制約」という図式が成り立ってしまい，法律に基づけばいかなる人権制約も正当化されることとなりかねません。これでは人権の意義が損なわれてしまいます。「公共の福祉」という言葉を「みんなのため」と言い換えてしまえば，本来守られるべきマイノリティーはマジョリティからの圧力に屈して，人権を十分に行使できなくなってしまうでしょう。

　そこで，近年では「公共の福祉」を他者の人権と自分の人権が衝突することを避けるための原理として狭く理解する考え方が主流となっています。人権は人権に内在する狭い意味での公共の福祉によって，すなわち，他人の人権と衝突した場合にのみ制約されるという考え方です。したがって，他人の人権を侵害しない限り，みんなにとって迷惑になったり邪魔になったりするような場合でも，基本的には人権を制約されることはありません。この考え方は現在もっとも有力な学説ですが，具体的に人権がどのような場合なら制約できるのかはっきりしていないとの批判もあります。

❸　比較衡量論

　近年では公共の福祉という概念を用いない考え方も有力です。**比較衡量**論<ruby>衡量<rt>こうりょう</rt></ruby>という考え方では，人権を制限することによってもたらされる利益と制限しない場合に維持される利益を比較して，前者の利益が大きい場合には人権の制限が可能であると考えます。この考え方は最高裁判所のいくつかの判例でも採用されました。比較の際の基準としては，精神的自由権は経済的自由権に対して優越的地位をしめるとし，前者については厳格な基準を，後者についてはより緩やかな合理性の基準を適用するという二重の基準論がよく知られています。もっとも，個人の人権と国家による政策を比較すれば，通常は後者の利益が大きくなります。国家によって侵害されない最低限の一線となる人権を安易に他の利益と比較してしまえば，人権への侵害を簡単に認めてしまうこととなり，人権はその意義を失ってしまうでしょう。

❹　特別な法律関係における人権の限界

　一般的な人権の限界の問題とは別に，学校に通う児童や生徒（在学者），懲役刑や禁固刑などを受け刑務所で服役する人たち（受刑者，かつての在監者），公務員など公権力と特殊な関係にある人については，それに応じた特別な人権の制約が許されると考えられています。明治以降このような考え方を支えてきたのが，**特別権力関係**と呼ばれる理論です。この理論によれば，たとえば国立大学と学生との関係では，大学は学生に対して法律の根拠なく包括的な支配権を行使でき，人権の制限が正当化されます。また，特別権力関係における公権力の行使は司法審査にも服さないとされるため，大学当局が通常の関係では人権侵害となるような形で学生を懲戒したとしても，司法による救済は望めません。

　いうまでもなく，公権力が一方的に人権を制約可能とする特別権力関係の理論は日本国憲法の理念と根本的に相いれません。現在では，特別権力関係の理論に代わり，公務員・受刑者・在学者などそれぞれの関係に応じて必要な限度において制約が認められるとする考え方が主流です。

2 人権享有主体性の問題

1 人権享有主体性とは何か

　人権は人間であればだれにでも保障される普遍的な権利である，というのが原則です。人間として生まれれば，性別，人種，民族，身分その他一切の属性にかかわらず人権の主体となります。

　ところが，日本国憲法は第3章では「国民の権利及び義務」という言葉を用いています。人権の主体が「国民」であるならば，国民でない人や特殊な地位にある人——天皇，会社，外国人など——は人権の主体となるのか，なるとすれば，彼／彼女らに保障される人権は一般国民と同等なのか，などが問題となります。これを人権享有主体性の問題といいます。

2 天皇の人権享有主体性

　天皇は世襲によってその地位を継承するものであり，日本国憲法の中で特殊な地位にあります。判例や学説においては，天皇は日本国籍を有する自然人である一方で，日本国民統合の象徴という地位にあることから一般の国民とは異なる法的地位にあると考えられています。そのため，たとえば天皇には刑事，民事裁判権が及ばないとされています。

　このような特殊性から，天皇は人権享有主体ではあるもののその地位に由来する制約を受けるものと考えられます。したがって，選挙権や被選挙権はもちろん，政治的表現の自由などの権利は制約されます。また，皇族についても天皇に類する人権の制限があり，結婚の自由などが制約されています。

3 法人の人権享有主体性

　外国人と並んで人権共有主体性が問題となるのが，**法人**です。法人とは特定

の活動を目的とした集団のうち法律によって法人格を認められたもののことを
いい，会社がその典型例です。法人は自然人ではありませんが，経済社会の発
展の中でその重要性が高まるにつれて，人権の享有主体となり得ると考えられ
るようになりました。後述の八幡製鉄所政治献金事件では最高裁は「憲法第三
章に定める国民の権利および義務の各条項は，性質上可能なかぎり，内国の法
人にも適用されるものと解すべき」と述べています。

　ただし，法人は自然人ではありませんから，適用される人権は「性質上可能
な限り」にとどまります。たとえば，選挙権や被選挙権は自然人と結び付いて
のみ理解できる権利ですので，法人には当然認められません。

4　法人の人権享有主体性に関する判例

　では，法人にはどのような人権が，どの程度認められるのでしょうか。1970
年6月24日の**八幡製鉄政治献金事件最高裁判決**では，法人が政治活動（政治献
金）を行うことができるか否かが争われました。これについて最高裁判所は，
選挙権などの参政権が自然人にのみ認められたものであるとしつつ，「会社が，
納税の義務を有し自然人たる国民とひとしく国税等の負担に任ずるものである
以上，納税者たる立場において，国や地方公共団体の施策に対し，意見の表明
その他の行動に出たとしても，これを禁圧すべき理由はない」として，「会社
は，自然人たる国民と同様，国や政党の特定の政策を支持，推進または反対
するなどの政治的行為をなす自由を有する」と判断しています。

　もっとも，法人の政治的自由が認められることによって，法人を構成するメ
ンバーの政治的信条と法人の政治活動に齟齬が生じる場合が出てきます。たと
えば，税理士として仕事をするためにはいずれかの都道府県の税理士会にかな
らず加入しなければなりません。このような強制加入団体と呼ばれる団体の場
合には，個人の好き嫌いや考え方にかかわらず強制的に加入させられるわけで
すから，法人として特定の政党への政治献金を行うことが会員の政治活動の自
由と抵触する可能性があります。このような場合，個人の人権を優先し，法人
の人権を制限する必要があるでしょう。

3 外国人の人権享有主体性

1 外国人の人権享有主体性

　日本国憲法下において，人権享有主体性に関わり多くの問題を含むのが**外国人の人権享有主体性**です。「人権」とは本質的に人間であれば生まれつき保有している権利であり，国籍にかかわらず保護されるべきものです。しかしながら，人権の性質によっては日本人のみに認められる権利も存在します。

　たとえば，多くの国と同じく日本の行政権のトップである内閣総理大臣には日本人しかなることができません（国会議員になるためには日本国籍が必要なため，必然的に総理大臣になれるのは日本人のみです）。総理大臣や国会議員になる権利は参政権や公務就任権といった憲法上の権利により保障されていると考えられていますが，この権利はその性質上，外国人にも完全な形で保障されるものとは考えられていません。

2 国籍の要件

　日本においてすべての憲法上の権利を共有できるのは，日本国籍をもつ成人です（子どもの権利行使にはいくつかの制限があります）。逆にいえば，出自や目の色にかかわらず，日本国籍をもつ人は日本人として人権の享有主体となります。では，日本人たる条件である「国籍」はどのようなものなのでしょうか。

　日本国憲法第10条は「日本国民たる要件は，法律でこれを定める」と規定していますが，これを実現するために国籍法という法律が制定されています。国籍法で定められた日本国民たるための要件は，以下の3つに分けられます。

　①　出生によって日本国籍を取得する場合（国籍法第2条）

　両親（父または母）のいずれかが日本国籍を有していた場合，子は出生によって日本国籍を取得できます。1984年の国籍法改正までは父が日本国民であった場合のみ国籍が取得可能であり，父が外国人で母が日本国民の場合は国籍の

取得ができませんでしたが，男女差別であるとの批判が多く改正されました。

②　父母による認知によって日本国籍を取得する場合（同第 3 条）

出生のときに父または母が日本国民であった場合，父母が婚姻していなくても認知により日本国籍を取得することができます。たとえば，日本人の既婚男性が外国人の女性と浮気をして子どもを作った場合でも，男性が認知をすれば日本国籍を取得できます。実は，2008年国籍法改正までは，外国人と日本国民の間に生まれた子のうち非嫡出子（父母が結婚をせずに出生した子）については，出生後の認知だけではなく，父母の婚姻により嫡出子の身分を獲得することが日本国籍の取得の要件とされていました。先の例でいえば，既婚男性が妻と離婚し浮気相手の外国人女性と結婚しない限り子どもには日本国籍が与えられないこととなります。しかしこれは非嫡出子にとって著しい不利益であるとの批判が多く，2008年 6 月 4 日の**国籍法違憲最高裁判決**においてこの規定は非嫡出子に対する不合理な差別であるとして違憲とされました。

③　帰化によって日本国籍を取得する場合（同第 4 条）

このほか，帰化によっても日本国籍を取得することができます。帰化のためには法務大臣の許可が必要であり，20歳以上であること，素行が善良であることなどいくつかの要件があります。

①～③のいずれかの条件を満たせば，その人は日本国籍を認められた「日本人」となることができます。逆にいえば，いずれの条件も満たせずに国籍を得られない人は「外国人」であり，日本人が享受できる人権の一部を制約される場合があります。

3　マクリーン事件最高裁判決

もっとも，日本国籍をもたない外国人でも可能な限り人権が保障されなければなりません。1978年10月 4 日の**マクリーン事件最高裁判決**では，日本で英語教師をしていたアメリカ人のマクリーンが，ベトナム戦争に反対する政治活動をしたことを理由に，法務大臣より在留期間更新を拒否され日本に住み続けることができなくなった事件が争われました。最高裁判決では「基本的人権の保

障は，権利の性質上日本国民のみをその対象としていると解されるものを除き，わが国に在留する外国人に対しても等しく及ぶものと解すべき」とし，外国人にも政治的なデモ等に参加する権利が認められると述べています。このことから，最高裁は権利の性質によって外国人が人権享有主体になるかどうかを判断する権利性質説と呼ばれる立場をとったものと考えられています。

４　外国人の居住移転の自由の制約

　マクリーン判決は権利性質説の立場をとることを明らかにしたうえで，外国人にも政治的自由が保障されると判断しています。ところが，最高裁は居住移転の自由は外国人に認められないとも判断したため，以下のように，実際には政治的自由の保障が実体のないものとなっています。

　判決では，「政治活動の自由についても，わが国の政治的意思決定又はその実施に影響を及ぼす活動等外国人の地位にかんがみこれを認めることが相当でないと解されるものを除き，その保障が及ぶものと解する」としながら，次のような一節が続きます。「外国人の在留の許否は国の裁量にゆだねられ，わが国に在留する外国人は，憲法上わが国に在留する権利ないし引き続き在留することを要求することができる権利を保障されているものではな〔い〕」，「したがつて，外国人に対する憲法の基本的人権の保障は……外国人在留制度のわく内で与えられているにすぎないものと解するのが相当」である。これは何を意味しているのでしょうか？

　実は，マクリーン事件での最高裁の立場は，①政治活動の自由は外国人にも保障される，②けれども，日本に在留する権利（居住・移転の自由）は保障されない，③したがって，法務大臣は政治活動を行ったことを理由に在留期間の更新を拒否しても構わない，という論理構成をとっています。平たくいえば，「日本で政治活動しても構わないけれど，在留期間更新の際にはそれを理由に日本から追い出すこともある」ということです。

　このような理屈では，日本で仕事をしていたり生活の基盤があったりする外国人が憲法上の権利行使をすることはきわめて困難になるため，最高裁の立場

には多くの批判が寄せられています。しかしながら現状では，日本に住む外国人は永住外国人であっても原則として出入国の際の指紋押捺が義務付けられ，これを拒否すれば再入国が認められないなど，日本人とは異なる取り扱いを受けています。

4 外国人と参政権・公務就任権

1 外国人と参政権

　上記のような実態はともかく，政治活動の自由など一定の権利は外国人にも保障されるというのが最高裁の立場です。しかしながら，いくつかの権利はその性質上外国人には認められないと考えられています。その代表が参政権です。衆議院・参議院議員の選挙権や被選挙権など，国政に関する参政権については外国人に認められないというのが学説の通説的な見解です。

　もっとも，地方政治に関しては，外国人には参政権を付与することを憲法が禁じていると考える否定説，外国人には憲法上参政権が認められているとする要請説，外国人に参政権を付与しなくても憲法違反ではないが付与しても憲法には違反しないとする許容説というように，学説が分かれています。地方政治は住民の身近な日常生活に関わる事柄を決定することが多いため，外交や安全保障などに関わる国政とは異なり外国人の人権享有主体性を認めるべきとする立場も一定の説得力があります。実際，最高裁判所も地方参政権については国政とは区別しています。1995年 2 月28日の**外国人地方参政権訴訟最高裁判決**では，憲法が「我が国に在留する外国人に対して，地方公共団体の長，その議会の議員等の選挙の権利を保障したものということはできない」としつつも，「法律をもって，地方公共団体の長，その議会の議員等に対する選挙権を付与する措置を講ずることは，憲法上禁止されているものではないと解するのが相当である」として，許容説の立場をとることを明らかにしています。

では，外国人には公務就任権は認められているのでしょうか。公務就任権は広義には参政権の一部とされますが，中でも公務員になる権利のことを指すのが一般的です。公務員は大臣や議員，中央官公庁のキャリア官僚といった国家意思の形成にたずさわるものから，たとえば市役所の窓口の職員や公立学校の先生のように権限がそれほど強くない，国家や地方公共団体の運営とはあまり関わりのないものまで多様です。

外交官や民生委員などいくつかの職種では就任の条件として日本国籍を要求する国籍条項が法律で定められており，外国人が就任できないことが明確に示されています。のみならず，それ以外の職種で国籍条項が法律で明記されていないものであっても，事実上外国人に門戸が開かれていない職種もあります。これは，1953年に内閣法制局が示した「当然の法理」と呼ばれる見解が理由です。この見解では，「法の明文の規定が存在するわけではないが，公務員に関する当然の法理として，公権力の行使または国家意思の形成への参画にたずさわる公務員となるためには，日本国籍を必要とするものと解すべきである」と述べられています。

3　外国人と管理職

「当然の法理」の下では，外国人は国家意思の形成に関わる公務員については公務就任権を制約されるほか，仮に公務員になれたとしても昇進が制約される場合があります。

2005年1月26日の東京都管理職試験訴訟最高裁判決では，保健婦として採用されていた職員が管理職試験を受験しようとしたところ，日本国籍を有しないことを理由にこれを拒否されたことが問題となりました。最高裁は「地方公務員法……の定めは，普通地方公共団体が職員に採用した在留外国人の処遇につき合理的な理由に基づいて日本国民と異なる取扱いをすることまで許されないとするものではない」としたうえで，地方公共団体において重要な決定を行う

公務員である「公権力行使等地方公務員」については「原則として日本の国籍を有する者が……就任することが想定されているとみるべきであり，我が国以外の国家に帰属し，その国家との間でその国民としての権利義務を有する外国人が公権力行使等地方公務員に就任することは，本来我が国の法体系の想定するところではないものというべきである」と判断しています。

4 　外国人教員──外国人は公立学校の先生になれるのか

　「当然の法理」の下，日本では外国人は公立学校や国立大学の教員になることができない時代がありました。たとえば，国立大学の教員の国籍要件が撤廃されたのは1982年のことです。「国立又は公立の大学における外国人教員の任用等に関する特別措置法」が制定されたことで，国立大学の教員に外国人が就任できるようになり，同時に大学の運営管理を行う教授会の構成員となることも可能になりました。

　一方，公立学校の教諭は地方公務員であり，ある時期までは都道府県ないし政令指定都市によって国籍要件を課すか否か判断が分かれていました。外国人の就任が法律で禁じられていたわけではなく，70年代以降は従来国籍要件を課していた自治体であってもこれを撤廃する動きも見られます。ところが，1982年に国立大学の国籍要件が撤廃された際に出された文部次官通知がこの状況を一変させました。この通知では，「なお，国，公立の小，中，高の教諭等については，従来どおり外国人を任用することは認められないものであることを念のため，申し添えます」とされていました。これにより，教諭の採用に際して国籍要件を課したり，明記はしなくても実質的に外国人を排除する自治体が増加したといわれています。

　この状況に変化をもたらしたのが，1991年の文部省通知です。この通知では，[*1]日本国籍をもたないものについても教員採用選考試験の受験を認めるべきこと，選考に合格した者については「任用の期限を附さない常勤講師」として任用す

＊1　文部省教育助成局通知「在日韓国人など日本国籍を有しない者の公立学校の教員への任用について（通知）」（1991年3月22日　文教地第80号）。

るようにするべきこと，との内容であり，一定程度外国人教諭の採用に道を開くものとなりました。ただし，「任用の期限を附さない常勤講師」は学校教育法上の「教諭」ではなく，日本人の先生たちのように主任にステップアップしたり，校長や教頭などの管理職に就いたりすることは認められません。

　一言で管理職といってもその職務内容はさまざまです。一定の職種には日本国籍の要件を付すことが正当化されるとしても，管理職すべてを「公権力行使等地方公務員」として外国人の任用を一律に排除すれば，外国人に対する不当な差別となる可能性が否定できないでしょう。

5　特別永住者

　加えて，日本には**特別永住者**という特有の問題があります。特別永住者とは，旧植民地である台湾・朝鮮半島出身者で戦前に日本に移住してきた人たちを指します。彼／彼女らは，旧植民地出身で戦前は「日本人」であったにもかかわらず，敗戦とサンフランシスコ平和条約によって，一方的に日本国籍を剥奪されました。特別永住者は日本の永住権をもってはいるものの，多くの人権に関しては他の外国人と同様の制限が課せられるため，「任期の期限を附さない常勤講師」にはなれても主任や校長になることはできません。

　一昔前までは外国人であるというだけで一律に国立大学の教員や小中高の教諭になることはできず，政府はそのような人権制約を「当然」であるとしてきました。このような考え方は，外国人一般への差別であることと同時に，日本で日本人と同じように暮らさざるを得なかった特別永住者にとってはとくに不合理な差別といえるでしょう。社会状況が変化するにつれて外国人の教員の道は開かれてきました。もちろん，公権力の中心に位置する国会議員や一部の公務員に国籍要件を課すことは正当化できるでしょうが，公務就任権という憲法上の権利を抑制する以上，その範囲が広がりすぎて外国人の人権保障がおろそかにならないようにする必要があります。また，特別永住者のように，歴史的に日本の政策の誤りから生まれた問題については，その歴史的経緯を踏まえたうえで，人権保障のあり方について考えていく必要があるでしょう。

まとめ

　人間であれば誰しももつ権利，というのが人権の基本的な考え方です。しかし，日本国憲法にリストアップされた権利は多様であり，その性質はさまざまです。そのため，公共の福祉，国籍の有無，自身の属性，法律関係などさまざまな理由によって人権が一定程度制限される場合があります。もっとも，この章で学んでほしいのは，「人権は場合によっては制限される」ということではなく，「人権の制限は抑制的でなければならず，それが正当化される場面は限定的である」ということです。

 さらに学びたい人のために

○水野直樹・文京洙『在日朝鮮人――歴史と現在』岩波書店，2015年。

　日本における外国人の人権の問題では特別永住者の人権が独自の問題として存します。この本では在日朝鮮人が戦前に日本に定着する経緯や戦争への動員，戦後の特別永住者としての在日朝鮮人の歴史，グローバル化の中での立ち位置など，在日朝鮮人の歴史と現在についてわかりやすく描き出したものです。日本国憲法の下で外国人の人権を考える際に常に念頭に置くべき特別永住者に関する知識を得るために適した一冊となっています。

○神田修・土屋基規『教師の採用――開かれた教師選びへの提言』有斐閣，1984年。

　管見の限り外国人の教師への採用について扱った書籍はほとんどありません。この本は外国人の採用に的を絞ったものではありませんが，比較的紙幅をとってこの問題を批判的に取り扱っています。1984年の出版でやや古い本ですが，教師の採用について当時の問題点を広い視点から指摘しており，外国人の問題のみならず教師採用全般について現代にも通じる批判的分析を行っています。

○近藤敦『外国人の人権と市民権』明石書店，2001年。

　この本では，外国人の人権について比較法や国際法的視点を踏まえ，権利の性質と権利主体の様態に応じた保障の程度のあり方について総合的に検討されています。内容は専門的なものですが，著者はこの問題についての第一人者であり，また外国人の人権に関する研究が日本ではそれほど進んでいない中，この分野をきちんと学ぼうとする人にとって重要な書物となっています。なお，この本は東京都管理職試験訴訟最高裁判決の前に書かれたものです。

第4章

平　　等
—— 「等しくする」ってどういうこと？——

・・・●　学びのポイント　●・・・

- 「平等」とは何か考えてみよう。
- 「平等」をめぐってどのような裁判がされてきたかみてみよう。
- 学校においてどのような場面で「平等」が問題になるのか考えてみよう。

WORK 女性医師は，要らない？

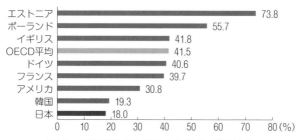

図A　世界各国の医師の女性割合（2011年）

資料：OECD（2011）Health Data.

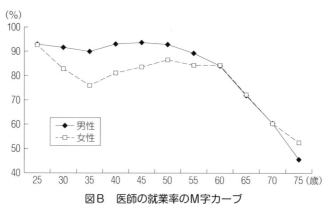

図B　医師の就業率のM字カーブ

資料：「日本の医師需給の実証的調査研究」（主任研究者 長谷川敏彦）。
出所：厚生労働省「女性医師に関する現状と国における支援策について」を一部
　　　改変。

① 2つのグラフから読みとれることを，書き出してみよう。

② 日本のある私立大学の医学部の入試では，女子の受験生に対して，女
　性であることを理由に減点がされていたことが明らかになっています。
　このことは，日本国憲法との関係でどのような問題があるのか，グルー
　プで話し合い，考えてみよう。

● 導　入 ● ● ● ● ● ● ● ● ●

　差別をしないこと，平等であることは当たり前だと考えている人が多いのではないでしょうか。では，どのような状態であれば「平等」だといえるのでしょうか。

　社会では，さまざまな違いをもった人たちが集まって生活しており，違いに応じて対応することは日常的に行われています。たとえば，20歳以上の人はお酒を飲むことを許されていますが，20歳未満の人は許されていません。大学に入学するには，高等学校を卒業することや高等学校卒業程度認定試験に合格することが必要になりますが，飛び入学制度の下では，高等学校を卒業しなくても大学への入学が認められる場合もあります。学校では，どのような進路を希望しているかという点に着目して，進路希望別にクラスを編成し，授業の難易度等を変えることもあります。また，国家試験のときに，障害のある人に対して試験時間延長等の措置がとられることもあります。

　平等と教育の関係では，そもそも障害があるかどうかにかかわらず同じように学校に通うことが保障されており，平等に扱われる必要があります。では，試験時間の延長に限らず，児童生徒の特別な「ニーズ」に対応するように，人によって対応を変えることは，平等違反で許されないと考えられてしまうのでしょうか。

　本章では，「平等」の意味や，「平等」をめぐってこれまでどのような議論がされてきたか見ていきましょう。

● ● ● ● ● ● ● ● ●

1　憲法と「平等」

■1■　条文の規定

　憲法では，平等について第14条で定めています。ほかにも第24条では家族関係における平等，第26条第１項では教育の機会均等，第44条では選挙権の平等について定めています。

　憲法第14条第１項は，「すべて国民は，法の下に平等であつて，人種，信条，性別，社会的身分又は門地により，政治的，経済的又は社会的関係において，差別されない」と規定しています。前段で「**法の下の平等**」を宣言し，後段で，

「人種，信条，性別，社会的身分又は門地」による「差別」を禁止しています。さらに，第2項では貴族制度の禁止，第3項では栄典に伴う特権の禁止を規定しています。

まず第1項の「法の下の平等」の「法の下」とはどういう意味でしょうか。法（主として法律）が平等に適用されるだけではなく，**法の内容の平等**も求められると考えられています。つまり，「表現の自由は，男性に対してのみ保障する」という法がみんなに同じように適用されるのでは足りず，法自体の内容が平等であること，すなわち表現の自由を性別にかかわらずみんなに保障する内容の法を作ることが要請されます。

また後段では，差別の事由として「人種」等の事由が列挙されていますが，これはここに列挙されている理由に基づく差別だけが禁止されているのでしょうか。ここには列挙されていない障害や性的指向[*1]などに基づく差別も，当然に禁止されていると考えられますから，例示的なものと考えられています。

2 「平等」とは何か(1)──絶対的平等と相対的平等

「平等」という言葉から，どのような状態をイメージするでしょうか。

「平等」とは等しく扱うことを意味しますが，等しさをどこまで追求するか，どのような視点からみて等しいことを求めるかによって，平等といえる状態は変わるため，「平等」には種類があると考えられています。

まず，「平等」であることをどの程度追求するかによって**絶対的平等**と**相対的平等**を区別することができます。絶対的平等とは，人にある色々な差を無視して全く機械的に均一に扱うことをいいます。

しかし，絶対的平等だけでは，世の中は立ちゆかなくなります。たとえば大学入学共通テストにおいて，すべての受験生にペーパー試験を課したらどうなるでしょうか。目が見えない受験生に，点字等のないペーパーテストを課すことは，全く無意味です。憲法は，人々には差があることを前提に，差異に応じ

＊1　**性的指向**：どの性別の人に対して，恋愛感情や性的欲望を抱くかを表すもの。

た法的取り扱い（区別）を認めて，等しいものは等しく，等しくないものは程度に応じて等しくなく扱うという相対的平等の立場です。

　もっとも相対的平等では，何が平等で，何が不平等で許されないかの基準があいまいです。憲法では，合理的な理由があれば区別も許されるとしています。

3　「平等」とは何か(2)──形式的平等と実質的平等

　「平等」では，どのような視点からみて等しいことを求めるかという点も重要です。事実上，違いがあるものに対応をするときに，（違いを無視して）均一なものであるとして同じように等しく対応をすることと，事実上の違いを考慮したうえで違いをなくし等しい状態を実現するべく対応をすることがあり得ます。このうち，前者を**形式的平等**といい，後者を**実質的平等**といいます。

　この点について，憲法は，形式的平等の立場を基本としていると考えられています。ただし，資本主義の発展に伴い貧富の差が固定化すると，形式的平等として機会が平等に与えられていたとしても，その機会に参加するための負担が大きく実質的には参加が困難な人が出てきます。そうすると，機会が不平等に与えられている場合と同じ状態になってしまうということで，実質的平等も要求されるようになります。そこで日本国憲法では，生存権，教育を受ける権利の保障など，実質的平等の保障に踏み込んでいます。

4　アファーマティブ・アクション

　過去に差別があった場合に，積極的に等しい状態を作り出そうとすることがあります。この措置は，**アファーマティブ・アクション，ポジティブ・アクション，積極的差別是正措置**といわれます。これは，社会において差別されてきた人々を，その社会的地位を向上させるために，その他の人々よりも優位に扱って積極的に差別を解消するものです。差別されてきた人々やその子どもなどに対し，入学の際に優遇措置をとる（その人たち用の枠を設ける，マイノリティであることを考慮する）ことなどがありますが，この措置については，措置の対象

にならない人に対する逆差別にならないかが問題になります。

5 「平等」をめぐる裁判

　ある人が「平等」に扱われていないと感じる状態が発生した場合，その状態を解消してもらうために，裁判を起こす場合があります。最高裁判所では，平等違反を理由として，本章で紹介する事例以外にも，外国人と日本人の間に生まれた子どもへの日本国籍付与をめぐる訴訟や，一票の較差をめぐる議員定数不均衡訴訟でも違憲判決を出しています。最高裁判所が違憲の判断をすることは珍しく，2019年10月時点で，最高裁判所が法令について違憲の判断をしたことは10回しかありませんから，平等は，最高裁判所が違憲の判断をする例が多い分野だといえます。また，平等違反を理由に違憲判決がなされた事例では，同じ制度について過去に最高裁判所が合憲だと判断しているものもあり，時代による変化を感じることのできる分野でもあります。

2 性別を理由とする差別

1 男女雇用機会均等法

　1985年には，**男女雇用機会均等法**（雇用の分野における男女の均等な機会及び待遇の確保等に関する法律）が成立しました。この法律は，女性差別撤廃条約の批准にむけた国内法整備として，成立したものです。

　男女雇用機会均等法では，労働者の配置，昇進，降格，労働者の職種及び雇用形態の変更，退職の勧奨，定年や解雇等の際に，性別を理由とする差別をすることを禁止しています。さらに，性別以外のことを要件としている場合であっても，要件を満たす男性と女性の比率やその他の事情を考慮すると実質的に性別を理由とする差別となるおそれがあるものについて原則的に禁止しています。たとえば，身長・体重・体力や，転居を伴う転勤に応じることができるなど，直接的に男性に限定するとはしないものの，要件を満たす男性の割合が女

性の割合を大きく上回る要件を設ける場合です。このような差別のことを，性別を直接の理由とする**直接差別**と区別して，**間接差別**といいます。男女雇用機会均等法では，直接差別だけではなく間接差別も禁止していることになります。

2　会社の中での性別を理由とする差別

このように性別を理由とする差別を禁止することは当たり前のことに思えるかもしれませんが，会社の中で女性を差別的に取り扱う制度があった時代もありました。

たとえば，ある女性は，会社から女性は結婚または満35歳で退職する制度があると説明を受けて，結婚したときは自発的に退職するという内容の念書を書いて，入社しました。その後，その女性は結婚しましたが，退職を申し出ずにいたところ，会社から結婚退職制に基づいて解雇されてしまったのです。そこで，解雇が無効であるとして裁判を起こした結果，1966年12月20日の**住友セメント事件東京地裁判決**は結婚退職制度について，性別を理由とする合理性を欠く差別待遇であるなどと判断しました。ほかにも，会社が女性の定年を男性の定年よりも5歳若く定めた男女別定年制が争われた例もありました。1981年3月24日の**日産自動車事件最高裁判決**は，女子従業員であることを理由に会社に対する貢献度の上がらない従業員と断定する根拠はない等と述べて，男女別定年制を性別のみによる不合理な差別を定めたものと判断しました。ここで紹介した事件では，裁判所はこれらの仕組みについて無効だと判断したわけですが，この時代にはこのような制度が存在し，裁判の中では会社側はこれらの制度が正当なものだと主張していたのです。[*2]

3　再婚禁止期間

民法では女性についてのみ再婚禁止期間が定められています。民法旧第733

＊2　憲法は公権力が守るべきルールであるため，私企業と個人の間の問題では私人間効力という問題が出てくる。私人間効力については，本書第2章を参照。

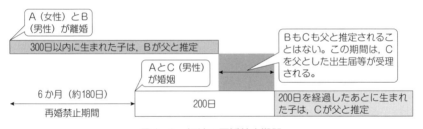

図 4 - 1　旧法の再婚禁止期間

出所：筆者作成。

条では，女性のみに 6 か月の再婚禁止期間を定めていました。1995年，最高裁
判所は，この条文の立法趣旨を父性の推定の重複を回避し，父子関係をめぐる
紛争の発生を未然に防ぐためのものだとし，平等違反とは判断しませんでした
（図 4 - 1 ）。

　民法には，父性の推定，つまり生まれた子どもの父が誰かを推定する規定が
あります（民法第772条）。具体的には，婚姻の成立の日から200日を経過した後
に生まれた子は婚姻中に懐胎したものと推定され，夫の子と推定されます。ま
た，婚姻の解消もしくは取消しの日から300日以内に生まれた子は，（解消もし
くは取り消された）婚姻中に懐胎したものと推定され，（元）夫の子と推定され
ます（図 4 - 2 ）。この規定からすると，離婚と再婚の間に100日あれば，生まれ
た子どもについて，この 2 つのどちらにもあてはまってしまい離婚した元夫と
再婚後の現在の夫の 2 人が子どもの父として推定されるという事態を避けるこ
とができます。

　このような事実を踏まえて，2015年12月16日の**再婚禁止期間訴訟最高裁判決**
は，再婚禁止期間のうち100日を超える期間を正当化することはできず，違憲
であると判断しました。

　この判断を受けて，現在では民法第733条は改正され，再婚禁止期間は100日
とされ，女性が前婚の解消または取消しのときに懐胎していなかった場合等の
例外が設けられました[3]（図 4 - 3 ）。

───────────────────

＊ 3　その後，父性推定の規定を改正し，再婚禁止期間を廃止する内容の改正法が成立した。

図4-2　再婚禁止期間がない場合

出所：筆者作成。

図4-3　現行法の再婚禁止期間

出所：筆者作成。

4　婚姻開始年齢

　男女で差異のある規定としては，婚姻開始年齢の規定もあります。現在の民法では，男性が18歳，女性が16歳と定められていますが（民法第731条），民法の一部を改正する法律（2018年に制定され，2022年4月から施行）では，女性の婚姻開始年齢が18歳に引き上げられ，男女の婚姻開始年齢が同一になります。[*4]

　婚姻開始年齢に差がつけられているのは，男女間で心身の発達に差があるためといわれていましたが，平等違反ではないかとの見解もありました。改正にあたって，現在では，社会的，経済的な成熟度をより重視すべき状況にあり，その点からは男女間に特段の違いはなく，男女の婚姻開始年齢をそろえるのが相当だと考えられるということで，改正によってこの男女間の差異は解消されることになりました。

＊4　なお，民法の一部を改正する法律の施行の際に16歳以上18歳未満の女性は，新法第731条の規定にかかわらず，婚姻をすることができるとされている（民法の一部を改正する法律附則第3条第2項）。

3 その他の事由による差別

1 尊属殺重罰規定違憲判決

　ここまで性別を理由とする差別の事例を紹介してきましたが，先ほど述べた通り，平等が問題になるのは性別を理由とする差別に限定されません。

　刑法第200条（1995年の法改正により削除）では，卑属またはその配偶者が尊属を殺害した場合に，通常の殺人罪よりも重い刑を定める尊属殺人罪を設けていました。実父から虐待を受けていた女性が父を殺し，尊属殺により起訴された事件で，この規定の合憲性が問題になりました。1973年4月4日の**尊属殺重罰規定最高裁判決**は，尊属殺という特別の罪を設け，刑を重くすること自体は不合理とは言えないとしながら，刑が重く定められすぎているとして，平等違反の判断をしました。

2 嫡出性の有無による法定相続分差別

　また，民法旧第900条第4号但書では，嫡出でない子の法定相続分を，嫡出である子の半分と定めていました。嫡出である子とは，法律上の婚姻関係にある夫婦から生まれた子をいい，そうではない子を非嫡出子，婚外子などといいます。このように，法定相続分に差異が設けられていたため，婚外子，嫡出子がともに相続人となり遺産分割が問題となったケースで，この規定の合憲性が争われました。

　最高裁判所は，1995年にこの規定について平等違反ではないという判断をしていましたが，2013年9月4日の**婚外子法定相続分規定最高裁決定**は，違憲とする決定を出しました。その際，父母が法律上の婚姻関係にあるかどうかという子どもにとっては自分で選択・修正できないことを理由として不利益を及ぼ

＊5　**卑属**：子や孫など，ある人を基準にしたときに，その人よりもあとの世代になる血族（血のつながった人）。尊属は対義語。

すことは許されず，子を個人として尊重しその権利を保障すべきだという考え方が確立されてきたことなどを指摘し，このケースで相続が開始した2001年7月当時，この法定相続分に関する区別に合理的な根拠は失われていたと判断しました。その後，この部分の規定は民法の改正により削除されています。

4 学校場面における「平等」

1 男女別学

　学校と「平等」との関係では，性別を理由として入学が認められない，男女別学が問題になります。現在，多くの公立高校では男女共学になっていますが，一部の県には男子校，女子校があります。これは，「平等」との関係では，どのように考えればよいのでしょうか。

　教育においても男女平等の実現は必要ですが，必ずしもすべての学校を共学校にすることまでは不要ではないかとの意見もあります。たしかに，共学校以外に男子校，女子校の選択肢があることは，公立学校全体として評価すると多様性の確保等につながるともいえます。しかし，特定の高校に着目してみると，男女別学の場合，ある高校に入学したいと思っても，性別を理由に入学することができず，性別に基づいて違う取扱いをしているのは確かで，その高校の中では生徒の性が限定され多様性が失われることにもなります。したがって，違う取扱いをする（男性あるいは女性にしか入学を認めない）合理的な理由があるといえるのか検討する必要があります。

2 教育基本法

　ほかには，学校生活の場面におけるどのようなことが，「平等」との関係で問題となるでしょうか。冒頭でふれた試験の際の時間延長のニーズのように，学校にはさまざまな児童生徒がおり，それぞれ特別のニーズをもっていることがあります。このような児童生徒の特別のニーズに対して個別に対応すること

は，「平等」との関係ではどのように考えられるのでしょうか。

　教育基本法では，憲法第14条第 1 項や憲法第26条第 1 項（教育を受ける権利）を受けて，第 4 条第 1 項で教育の機会均等の原則を，第 2 項で障害者への支援を，第 3 項で経済的修学困難者への奨学を規定しています。

３　特別支援教育

　かつては，就学義務の猶予・免除がとられることにより，障害をもつ子どもの教育を受ける権利が侵害されていたこともありましたが，養護学校の義務化等により障害をもつ子どもの就学が進められてきました。障害児教育については，障害の程度に応じて特別の場で指導を行う特殊教育から，児童生徒一人一人の教育的ニーズに応じて教育的支援を行う**特別支援教育**へと変わってきました。また，障害者の自立や社会参加の支援等のための基本的な施策として，障害者基本法では教育について規定しています。障害を理由とする差別の解消を推進し，それにより皆が相互に人格と個性を尊重し合いながら共生する社会を実現することに役立つことを目的とした，障害を理由とする差別の解消の推進に関する法律（障害者差別解消法）も制定されています。

　特別支援教育として，異なる児童生徒のそれぞれのニーズに対応することは，児童生徒によって別の対応をすることを意味します。もし，「平等」がすべての児童生徒を全く機械的に均一に扱う絶対的平等を意味するのであれば，このように個別の事案に応じて対応をすることは平等違反になってしまうわけですが，すでに説明したように合理的な理由に基づいて異なる扱いをすることは，平等違反にはならないと考えられています。たとえば，導入で紹介した，国家試験のときに，障害のある人に対して試験時間延長等の措置をとることも，実質的に同様の条件で国家試験を受験できるようにするものであり，合理的な理由に基づく異なる扱いであり，平等違反にはならないと考えられます。むしろ，合理的配慮を否定することは，差別にあたると考えられます。

　また，改善策を検討することなく高校の施設や人員の面での現在の状況を前提として障害者の入学を拒否するように，合理的な理由がないにもかかわらず，

特別のニーズに応えられないとして，学校から排除された場合などは，障害を理由とした差別にあたる，「能力に応じて，ひとしく教育を受ける権利」が侵害されたと考えられる場合もあります。

4　LGBT 等の児童生徒の問題

　学校では，生物学的な性別を前提とした施設や制度の設計がされていることが多く，LGBT^{*6}等の児童生徒は学校生活を送るにあたり困難に直面することがあります。性同一性障害^{*7}については，2003年に議員立法により「性同一性障害者の性別の取扱いの特例に関する法律」が制定されました。

　学校教育では，かつては「同性愛」は「倒錯型性非行」の一つと分類され，治療が必要となる認められないものと考えられており，否定的なものと扱われていましたが，学校においても，性同一性障害に係る児童生徒について支援が必要だと考えられ，支援が求められるようになりました。文部科学省は，性同一性障害や性的指向・性自認について児童生徒に対してきめ細かな対応等を実施するにあたって，通知を出したり，教職員の理解促進を目的とした周知資料を作成・公表する等しています。2015年 4 月30日付けの「性同一性障害に係る児童生徒に対するきめ細やかな対応の実施等について」^{*8}では，きめ細やかな対応の実施にあたっての具体的な配慮事項等をまとめ，性的マイノリティとされる児童生徒も含めて相談体制等の充実が必要であるとしています。対応にあたっては，画一的な対応ではなく，個別の事案に応じた取組を進める必要がある

---

* 6　**LGBT**：レズビアン（女性を好きになる女性），ゲイ（男性を好きになる男性），バイセクシャル（同性，異性のいずれも好きになることがある人），トランスジェンダー（心と体の性が一致していない人）の頭文字をとったもので，これらをまとめて指す表現。このカテゴリーに入らないセクシュアリティが不明あるいは特定しない人（クエスチョニング）や差別的に使われてきた「クィア」を含めた LGBTQ という言葉や，性的指向（Sexual Orientation）と性自認（Gender Identity）の頭文字をとった SOGI という言葉もある。性的指向は＊ 1 の通り，性自認は，自分自身の性別をその人がどのように認識しているかのこと。
* 7　**性同一性障害**：生物学的な性別と，その人の性別に対する意識あるいは認知が一致しない状態のこと。
* 8　文部科学省初等中等教育局児童生徒課長通知「性同一性障害に係る児童生徒に対するきめ細やかな対応の実施等について」（2015年 4 月30日付　27文科初児生第 3 号）。

ことを指摘しています。

　特別支援教育のところでもふれた通り，このように個別の事案ごとに，児童生徒により対応を変え異なる扱いをすることは，平等違反にならないと考えられています。かえって，自認する性別の制服の着用を求める児童生徒がいた場合に，生物学的な性別の制服の着用しか認めないことは，生物学的な性別と自認する性別が一致するか否かにより扱いを変えていることになり，そのことに合理的な理由はないと考えられるため，差別にあたることにもなるのです。

　ただし，性同一性障害に係る児童生徒への対応は重要ですが，その対応にあたっては，ほかの児童生徒への配慮も必要だとして，文部科学省の通知では，性同一性障害に係る児童生徒への配慮と，ほかの児童生徒への配慮との均衡を取りながら学校において支援を進めることが重要だと指摘しています。

　個別の対応には，学校の施設の変更や人員の増加を要するものもあれば，追加的な支出等をせずに対応できるものもあります。追加的な支出等を要する最善策をただちにとることができなくても，実現可能な改善策を検討していくことにより，個別の対応を実現する必要があります。このように具体的な検討を通じて複数の児童生徒への配慮を実現し，ほかの児童生徒への配慮が不可能であることを理由に，ある児童生徒への配慮をしないことを正当化することのないように留意する必要があります。

　また，学校教育の場面とは少し離れますが，LGBT 等の人たちに関係する法律問題として，法的性別の取扱いの問題や同性婚の問題があります。さらに，同性カップルが子どもをもつことが可能になるかという点で，養子縁組や人工生殖医療の利用も問題になります。2019年10月現在，日本では同性婚を認めないことが違憲ではないかと裁判が起こされていますが，他国では，同性婚を容認する国が増加し20か国を超えており，[9] 婚姻に似た制度としてパートナーシップ制度が設けられ，これが同性カップルに認められている国もあります。

＊9　藤戸敬貴「同性カップルの法的保護をめぐる国内外の動向——2013年8月～2017年12月，同性婚を中心に」『レファレンス』805，2018年，pp. 65-92。藤戸敬貴「性の在り方の多様性と法制度——同性婚，性別変更，第三の性」『レファレンス』819，2019年，pp. 45-62参照。

まとめ ....

　本章で紹介したように，差別を解消するために法律が制定される，最高裁判所が法律の規定について違憲の判断をし，条文が改正される（女性の再婚禁止期間や尊属殺，嫡出性の有無による法定相続分差別など）という形で，平等が実現されてきました。平等とは，どのような場面でも画一的に同じ扱いをすることが求められるのではなく，学校生活の場面で特別のニーズに応じる場合のように，合理的な理由に基づいて他の人とは別の扱いをすることもまた，平等を実現する方法になります。

　最高裁判所が違憲の判断をした制度の中には，一度は合憲（平等違反ではない）という判断をしていたという場合もあります。また，LGBT 等の問題のように，もともと存在はしていたものの，近年になってその問題が認識されるようになり，少しずつ社会の対応が変わってきているものもあります。このことからもわかるように，平等の問題については，ある時点で平等違反ではないと判断された，そもそも問題になっていないからといって，それがその問題に対する絶対的な結論だと考えるのではなく，本当に不合理な理由に基づく差別にあたらないかという検討をやめずに継続的に考えていくことが重要です。

....

📖 **さらに学びたい人のために**

○ベアテ・シロタ・ゴードン，平岡磨紀子（構成・文）『1945年のクリスマス──日本国憲法に「男女平等」を書いた女性の自伝』朝日新聞出版，2016年。
　　日本国憲法 GHQ 草案の作成に参加した女性の自伝です。10年間日本で生活した経験のあったベアテ・シロタ・ゴードンは，20代で草案の作成に参加し，男女平等の条文等を担当しました。草案が作られた過程や，当時，男女平等についてどのように考えられていたかを知ることができる本です。

○吉田仁美『平等権のパラドクス』ナカニシヤ出版，2015年。
　　「平等」について，前半では，日本の学説がこれまでどのように考えてきたかを整理して論じています。さらに後半では，アメリカにおけるアファーマティブ・アクションについて，裁判例を詳しく紹介し分析しています。

第5章

思想・良心の自由 / 信仰の自由
——内申書には何を書いてもいいの？——

●　●　●　●　　学びのポイント　　●　●　●　●

- 内申書に生徒の政治活動や思想を記載することが，思想・良心の自由との関係でどのような問題を生むか考えよう。
- 社会の少数派の宗教が憲法上どのように保護されているか考えよう。
- 学校と宗教との関わりが政教分離との関係でどのような問題を含むのか理解しよう。

WORK 「心の中」を公権力から守るために

1. 名誉毀損の「謝罪広告」とは何だろう

　以下は，名誉毀損をした人や会社に対して，裁判所が命じることがある「謝罪広告」の一例です。国が「謝罪」を命じることに，憲法上の問題はあるのでしょうか。1956年7月4日の謝罪広告事件最高裁判決も参考にしながら，考えてみよう。

> 本誌○○号に掲載した□□氏に関する記事で，同氏の発言として報じた部分は，事実に反するものでした。同記事によって，□□氏の名誉を侵害し，ご迷惑をおかけしたことを深くお詫びいたします。

2. いじめの「反省」と内心の自由

　いじめを防止するため，いじめの加害者とされた生徒は，以下のような内容の反省文を書くように命じられることがあります。もし，この生徒が，自分はいじめをしていない，と一貫して主張していた場合，反省文を書くことを義務付けることは，憲法上問題はないのでしょうか。グループで話し合い，考えてみよう。

> 私は，学校生活に慣れてしまい，入学の時の緊張感をなくして，だらしなくなってしまいました。そんななかで，夢に向かって懸命に頑張る○○君（いじめの被害者）のことを疎ましく思い，同級生と一緒に，彼を無視したり，物を隠したりするようになりました。○○君が不登校になるようなひどいいじめをしてしまったことについて，○○君に会って直接謝罪をしたいです。私は本当に悪いことをしました。もっと，人の気持ちを考えられるようになりたいと思い，反省しています。

出所：武田誠司・笹谷浩一郎「いじめ加害者に対する学生指導の事例研究——反省日誌と読書感想文による検証」『都城工業高等専門学校研究報告』51，2017年，p. 58より筆者作成。

● 導　入 ● ● ● ● ● ● ● ●

　人は心の中でものを考え，自らの意見やアイデンティティーを形成します。人から命じられることなく，自身の思想や信仰を決定する権利は近代市民社会においてきわめて重要であり，多くの国の憲法では信教の自由や思想・良心の自由についての規定を有しています。一方で，学校で教員は子どもが内心を形成していく助けになるような授業を行っていくわけですが，この中で子どもの信仰や思想を妨げたり不利益を与えたりしてしまうこともあり得ます。内申書に子どもの思想を記載することや学校と宗教との関係性は，憲法学の視点からみるとどのような問題になるのでしょうか。

● ● ● ● ● ● ● ● ●

1　思想・良心の自由

▉1▉　心の中の自由をどのように守るのか？

　日本国憲法では，第19条で「**思想及び良心の自由は，これを侵してはならない**」と規定されています。世の中にはさまざまな思想や考え方が存在します。それらの中には社会で「良いもの」として受け入れられているものも多くある一方で，「悪いもの」として嫌われているものもあります。しかしながら憲法第19条は，どのような考え方であってもそれが内心にとどまる限り絶対的に保護されなければならず，法的にこれを規制してはならないと定めたものと理解されます。したがって，国が国民を洗脳したり，無理やり特定の思想や考え方を押し付けたりすることは憲法第19条に違反するということができます。

　もっとも，人の内心をのぞき込んだり直接的に介入したりすることは困難です。もちろん，洗脳や教化といった方法で思想・良心の自由を侵害することもあり得ますが，多くの場合，現実に思想・良心の自由が問題となるのは思想や考え方が外部に表出した場合や，何らかの形で強制がなされた場合であると考えられます。学説では一般に，次項以降でみていくような場合に，思想・良心の自由の侵害が生じるものと考えられています。

2　内心に反する行為を強制した場合

　第一に，**内心に反する行為の強制**です。思想や良心はその人のアイデンティティーの核心部分に当たるため，それに反する行為を強制されることは苦痛を伴います。たとえば，平和主義者に兵役を強制すること，国旗国歌に批判的な意見をもつ人に対して国旗への敬礼や国歌の斉唱を強制することなどは思想・良心の自由を侵害するものと考えられます。

　もっとも，思想や良心は各人の主観的な面が強く，いかなる行為の強制であっても誰かの思想・良心の自由に抵触する可能性があります。先の兵役の例では，徴兵制それ自体は特定の思想や良心を狙い撃ちして規制を試みるものではなく，多くの人にとって思想・良心の自由への侵害となるルールではありません。しかしながら，平和主義という特定の思想の保持者にとっては自身のアイデンティティーの核心を否定されるような行為を強制するルールとなります。この場合，徴兵制度自体を憲法違反とするのではなく，平和主義者に対してのみ兵役の義務を免除する**良心的兵役拒否**のような方法で思想・良心の自由を保護する方法も考えられます。

3　内心を理由に不利益な取扱いをした場合

　第二に，**内心を理由とした不利益取扱い**です。世の中には多様なものの考え方がありますが，これらは場合によっては社会から嫌悪され，迫害される場合があります。しかしながら，いかに社会から嫌われる考え方であれ，これを理由として不利益を与えることは思想・良心の自由を侵害します。日本では戦前に特別高等警察に代表される思想取締り機関が存在し，『蟹工船』の作者である小林多喜二を拷問で死なせたり，大本教という宗教団体を壊滅に追い込んだりするなど，特定の思想を理由とする弾圧を行いました。現代でも，後述の内申書事件のように体制にとって都合の悪い思想への不利益取扱いは散見されます。このような不利益取扱いは思想・良心の自由を侵害するものと考えられます。

■4■　沈黙の自由を侵害した場合

　第三に，**沈黙の自由**の侵害です。沈黙の自由とは，心の中に留めておきたい内心について告白を強制されない権利のことを指します。たとえば，公務員の採用面接の際に受験者の政治的活動や政治団体所属について聞き出そうとすることは許されません。通常このような質問をする場合，特定の（とくに反体制的な）政治活動への関与が不利益取扱いの対象となることが前提となります。沈黙の自由が保障されなければ，思想・良心の自由の保障はその前提を欠くこととなるのです。2012年には大阪市が職員に対して政治活動や組合活動との関わりについてのアンケート調査を行い，市長の職務命令で回答を義務付けたことが問題となりました。このような調査は労働基本権，プライバシー権の観点から問題であると同時に，沈黙の自由の観点からも許容されない思想調査ということができるでしょう。

2　学校における思想・良心の自由

■1■　内申書と思想・良心の自由

　このように，憲法第19条は外的な行為を強制したり，思想にもとづいて不利益を与えたりする場合に問題となります。そうすると，生徒に対して先生が指導を行ったり評価をしたりする学校においても思想・良心の自由はきわめて重要な権利として立ちあらわれることとなります。その一つが，内申書の問題です。

　学校教育法施行規則第78条では「校長は，中学校卒業後，高等学校，高等専門学校その他の学校に進学しようとする生徒のある場合には，調査書その他必要な書類をその生徒の進学しようとする学校の校長に送付しなければならない」と規定しています。調査書とはいわゆる「内申書」のことで，高校入試の際の判断材料の一つとなります。

　内申書の様式はさまざまですが，各教科に関する記録・評定や総合的な学習

の時間の記録と並んで，学習に関する総合所見，特別活動の記録（部活・委員会・学校行事・生徒会活動など），総合所見及び指導上参考となる諸事項など，教員の主観的な所見が記載されるのが特徴です。このような所見は必ずしも生徒にとって有利な内容だけが記載されるわけではありません。非行や問題行動，反社会的活動について記載されれば，生徒の入試にとってマイナスとなります。このような内申書の性質から，記載が思想・良心の自由と関わり，問題となる場合があります。

② 麹町中学校内申書事件

1988年7月15日の**麹町中学校内申書事件最高裁判決**では，教師・学校が生徒の思想・良心を理由とした不利益な取扱いをしたのではないかということが争点となりました。この事件では，公立中学校に通うある男子生徒が，在学中に「麹町中全共闘」を名乗り校内でのビラまきを行い，過激な政治団体と関係をもったことを内申書に記載されました。このことが原因となり，この生徒は受験した全日制高校すべてに不合格とされています。

この事件では上記のような内申書の記載が生徒の思想・良心の自由を侵害するものか否かが争われ，最高裁判所は次のような理由から本件は思想・良心の自由の侵害に当たらないと判断しました。すなわち，内申書の記載は「上告人の思想，信条そのものを記載したものでないことは明らかであり，右の記載に係る外部的行為によつては上告人の思想，信条を了知し得るものではない」，また中学校は「上告人の思想，信条自体を高等学校の入学者選抜の資料に供したものとは到底解することができない」。

内申書に生徒の政治活動等について記載することは，生徒の考え方を理由に不利益な取扱いをしたり特定の思想を直接禁じたりするものではありません。最高裁はそれゆえに，内申書への政治活動の記載を合憲としています。しかしながら，この判決には学説から多くの批判が寄せられています。たしかに学校はただ生徒が行った政治活動を記載したにすぎません。しかしながら，その結果として生徒が高校入試の際に不利益を受けるであろうことは容易に想像でき

ます（生徒が行っていた政治運動は，反政府的で社会的に嫌われている思想と関わるものでした）。そのことをわかっていながらあえて内申書に記載することは，学校や教員にとって都合の悪い政治活動を行う生徒への見せしめ的な罰と言わざるを得ません。「自らの思想に即した政治活動は自由だが，政治活動を行えばそのことを内申書に記載する。そのことによって全日制高校への進学は困難になる」。このような状況では，思想・良心の自由が保護されているとはいえないでしょう。

3　学校式典における国旗・国歌問題

　学校での思想・良心の自由の問題は生徒への成績評価に限られるものではありません。近年，この分野の中心的な問題となっているのが式典における国歌斉唱の問題です。2007年 2 月27日のピアノ伴奏事件最高裁判決，2011年 5 月30日，6 月 6，14，21日に出された君が代起立斉唱事件最高裁判決では，公立学校の入学式・卒業式においてピアノ伴奏や起立斉唱を命じることが憲法第19条に違反するか否かが争われました。最高裁はピアノ伴奏については思想・良心の自由への制約が存在しないとして，起立斉唱については強制が間接的な制約になり得ることは認めつつ式典の静謐や秩序を維持するなどの目的があることを理由に，違憲の主張を退けています。

　しかしながら，式典という教員の本務とは無関係の場で必要性のない起立斉唱等を命じる職務命令自体，国家権力の限界を越えた規制であり違憲であるとの指摘があります。加えて，仮に職務命令が合憲だとしても，自らの真摯な信条に基づいて起立斉唱等を拒否する教員になおこれを強制することは許されないとする見解もあります。立ちたくない教員が座り，歌いたくない教員が歌わなかったとしても式典の進行に大きな影響はないでしょう。最高裁は2012年に，不起立教員への処分について戒告は合法としつつも，減給・停職など教員の法的地位に関わる処分は原則として認めないとする判断を下しています。それでもなお，これらの判決は思想・良心の自由の意義を全く捉えきれていないとして，多くの憲法学者によって批判されています。

3 信教の自由

■1 学校の中での宗教と信教の自由

　学校の中で宗教を意識することは少ないかもしれません。後述の政教分離の原則のため，学校の中で宗教行事をすることは禁じられていますし，一部の私立学校を除けば，特定の宗教の教義を教えるような教派的な宗教教育は行われていません。けれども，特定の信仰をもつ人にとって社会の多数派が当たり前に行うことをできない場合があります。たとえば給食に豚肉がでた場合，イスラム教の生徒は宗教上の理由によりこれを食べることはできません。あるいは，絶対的平和主義を信奉するある種の宗教の信者は体育の時間に武道を行うことはできません。これらは好き嫌いや武道が面倒くさいというわけではなく，自らのアイデンティティーを形作る信仰に反する行為であるため，「しない」のではなく「できない」のです。

　これらは別に特殊なことではありません。私たちの多くは知らず知らずのうちに宗教的に「やってはいけないこと」や「好ましくないこと」を避ける傾向にあります。たとえば，私たちは法律で禁じられているわけではなくとも，お守りの中身を開けないようにしますし，友引の日には葬式を出しません。町中にある小さな鳥居の絵は立小便防止の目的があるそうですが，これも神聖な場所に立小便をしてはならないという一種の宗教的禁忌を利用したものといえるでしょう（図5-1）。私たちがこれらの禁忌をあまり意識しないのは，日本の中では大多数の人が禁忌を「常識」として守っているためにほかなりません。当然，社会の少数派にも同じような禁忌があります。ところが，社会の多数派は少数派の禁忌に敏感ではなく，ときにそれを異質なものとして捉えてしまいがちです。少数派の宗教もきちんと保護される必要があります。

2　信教の自由の意義

　少数派であっても自由に信仰をもつ
権利を保障するため，日本国憲法では
信教の自由を規定しています。第20条
第 1 項前段では「信教の自由は，何人
に対してもこれを保障する」と謳われ
ており，第 2 項では「何人も，宗教上
の行為，祝典，儀式又は行事に参加す

図 5 - 1　街中の鳥居
出所：筆者撮影。

ることを強制されない」と定められています。この条文により，各人が自分の
信じる宗教を信仰することが保障されており，キリスト教や仏教のような伝統
的宗教はもとより，新興宗教や極端に信者の少ない宗教などの少数派宗教を信
仰する権利があります。また，戦前の国家神道強制のように国や公的権力から
特定の宗教への信仰や儀式への参加を強制されない権利も保障されています。
たとえば，学校行事で神社や教会に行くことがあるとしても，信仰を理由にど
うしてもそこに行きたくない生徒に対して学校・教師が参加を強制することは
信教の自由を侵害する可能性があります。

3　信教の自由の限界

　もっとも，信教の自由によって保護される宗教行為であっても，それが他者
に危害を与えたり違法な行為であったりするような場合にまで憲法上の保護が
及ぶわけではありません。1963年 5 月15日の**加持祈禱事件最高裁判決**では，被
告人の僧侶が，異常な行動をとるようになった被害者についてタヌキがとりつ
いたことが原因であると考え，これを取り除くために護摩を焚き背中をたたく
などの加持祈禱行為を行ったところ被害者が死亡した事案が問題となりました。
被告人側は加持祈禱が被害者を治療するための宗教行為であり憲法第20条によ
って保護されると主張しましたが，最高裁判所は，「およそ基本的人権は，国
民はこれを濫用してはならないのであつて，常に公共の福祉のためにこれを利

用する責任を負う」ものであり，「信教の自由の保障も絶対無制限のものではない」と述べています。そして，このような前提のもと，被告人の行為は確かに一種の宗教行為である加持祈禱行為として行われたものであるけれども，加持祈禱行為の動機，手段，方法や暴行の程度等からみて医療上一般に承認された治療行為を逸脱するものであるため違法な有形力の行使に当たり，これにより被害者を死に致したものであることから著しく反社会的なものであり，憲法第20条第1項の信教の自由の保障の限界を逸脱したものと判断されました。

4 政教分離

1 政教分離のあり方

　世界の多くの国では，国家と宗教のあり方について憲法上の規定をもっています。もっとも，国家と宗教の関係の仕方は国によってさまざまです。たとえば，イギリスやサウジアラビアといった国家は国教型と呼ばれるモデルを採用しています。国家が特定の宗教を国の宗教（国教）とするもので，イギリスでは英国国教会，サウジアラビアではイスラム教ワッハーブ派が国教です。これに対して，アメリカでは分離型を採用しており，国教を定めることはもちろん，公立学校で祈禱の時間を設けることなども禁じられています。国教型と分離型の中間にコンコルダート型と呼ばれるモデルもあります。ドイツやイタリアでは国家とキリスト教がコンコルダート（政教条約）と呼ばれる条約を結び，国家と宗教が一定の関係を維持しています。

　このように国家ごとの多様性が生じるのは，国家と宗教の関わり方に関する憲法上の規定には，各国の歴史に由来するところが多いためであると考えられています。では，日本国憲法の**政教分離**規定にはどのような歴史的背景があるのでしょうか。

▊2▊　歴史的背景

　明治維新以降，日本では**国家神道**が事実上の国教として機能してきました（事実上というのは，明治政府は国家神道を宗教ではないと主張していたためです）。このような国教を廃するために日本国憲法は政教分離を採用したわけですが，その意味はヨーロッパ諸国の政教分離のあり方とは異なります。

　歴史的に，ヨーロッパでは世俗的国家よりもキリスト教が強い権力をもち，世俗国家を圧迫する時代が続きました。ヨーロッパの政教分離は，宗教がもっていた権威や権力を剝奪し，世俗国家に移行させるという意味をもちました。ところが日本の場合，江戸時代から宗教的権威は世俗的権威の支配下に置かれていました。明治期に国教となる神道も例外ではありません。

　ではなぜ明治政府は国家神道を国教としたのでしょうか。これは，国民統合のイデオロギーとして政府が宗教を利用しようとしたためです。大日本帝国憲法では，「天皇ハ神聖ニシテ侵スヘカラス」（第 3 条）とされていましたが，天皇の宗教的権威と結び付き，これを補完するためのイデオロギーとして，明治政府は既存の神道を利用しました。このために，内務省に神社局（時期によって名称は異なります）を設置して国家が全国の神社を管理するようになりました。加えて，明治政府は靖國神社や日本全国にある護國神社（1939年以前は招魂社）を新たに作りました。植民地支配のために朝鮮半島などにも神社を作り，参拝を強制したのも，神社を利用して支配を円滑に行うためでした（図 5 - 2）。

　このように，国民統合のための権威として天皇と結び付く神道を利用し，これに対する国家支配を行った点に戦前日本の国家と宗教の関係の特徴があります。したがって，日本の政教分離はヨーロッパのように宗教から世俗国家に権力を移行するためのものではなく，むしろ，世俗国家が宗教的権威を利用する状況を改めることが目的であったといえます。このことから，日本の政教分離が問題となる事件の多くは戦前の国教であった神道や神社が問題となっています。総理大臣の靖國神社の参拝が政教分離の問題として取り上げられるのは，このような歴史的な背景があり，国家権力による宗教の利用への警戒が日本の政教分離にとって重要であるためです。

図5-2 朝鮮神宮

出所：「なぎさ書房朝鮮神宮絵葉書」（神奈川大学非文字
資料研究センター提供）。

3 日本国憲法の政教分離

このような歴史的背景のもと，日本国憲法第20条第1項後段では「いかなる
宗教団体も，国から特権を受け，又は政治上の権力を行使してはならない」，
同第3項では「国及びその機関は，宗教教育その他いかなる宗教的活動もして
はならない」と規定しています。加えて，第89条では「公金その他の公の財産
は，宗教上の組織若しくは団体の使用，便益若しくは維持のため，又は公の支
配に属しない慈善，教育若しくは博愛の事業に対し，これを支出し，又はその
利用に供してはならない」と定めています。これらは，国家が宗教活動を行う
ことや，特定の宗教に特別な利益・不利益を与えることを禁じたものといえま
す。

最高裁判所はこの規定を，信教の自由を間接的に保護するための制度である
としています。1977年7月13日の**津地鎮祭訴訟最高裁判決**（後述）は，政教分
離について「国家と宗教との分離を制度として保障することにより，間接的に
信教の自由の保障を確保しようとするもの」と述べています。

4 目的・効果基準の定立

宗教と国家を分離すると言っても，一切の関係を断つことは困難です。たと

えば，特定の宗教団体に金銭的な助成を行うことはあきらかな憲法違反といえますが，一方で宗教系の私立学校に補助金を支払うことが違憲であるとは考えられていません。どの程度の関係であれば宗教と国家の関わりが許されるのか，考えていく必要があります。

　これについて最高裁判所は，**目的・効果基準**と呼ばれるものさしを用いています。先述の津地鎮祭判決では，政教分離で禁じられている行為は「宗教との関わり合いをもつすべての行為を指すものではなく，……当該行為の目的が宗教的意義をもち，その効果が宗教に対する援助，助長，促進又は圧迫，干渉等になるような行為をいうものと解すべきである」としています。目的・効果基準のもとでは，国家は宗教と一切の関係を断つことを求められるわけではありません。政教分離が禁じているのは，国家の行為の目的が世俗的でなく宗教的意義をもつこと，あるいは，その効果が宗教にとって直接の利益・不利益となることに限定されます。

5　政教分離の境界

　このような基準に基づけば，宗教行為であっても習俗的なものや，宗教を援助・促進しないような宗教行為を国家が行うことは禁じられないこととなります。たとえば，クリスマスのシーズンに国会議事堂にクリスマスツリーを飾ったとしましょう。クリスマスはキリスト教の行事の一つですから，疑いもなく宗教行事です。しかしながら，現在ではクリスマスはプレゼントをもらったりデートをしたりするお祭りの日という認識が広まっています。このことから，習俗化した宗教行事であるクリスマスにちなんだイベントに国家が関与しても政教分離に違反しないと考えられます。

　津地鎮祭事件では似たような理由で津市体育館の建前の費用を市の公金から支出したことが合憲となりました。建前とは，建築に着工する前に行う神道の行事で，日本では広く一般的に行われています。最高裁判所は神式の起工式が習俗化し宗教的意義が希薄となっていることから，建前の費用を市の公金から支出しても，宗教的な目的はなく，宗教を援助・助長する効果もないと判断し

ています。

　もっとも，裏を返せば習俗的でない行事に公金を支出することは許されないということになります。1997年の**愛媛玉ぐし料事件最高裁判決**では，愛媛県が公費から靖國神社・護國神社への玉ぐし料（寄付金）を支出していたことが問題となりました。最高裁は，神社の祭祀への玉ぐし料の支出は社会的儀礼とは言えず宗教的意味をもつとし，目的・効果基準に照らし「その目的が宗教的意義をもつことを免れず，その効果が特定の宗教に対する援助，助長，促進になる」として違憲の判断を下しています。

5　学校と政教分離

1　公立学校と政教分離

　政教分離は国家と宗教の分離を規定するものであり，公立学校もその例外ではありません。多くの国で学校と宗教の問題は政教分離の重要な論点の一つになっています。たとえばドイツやフランス，アメリカでは，公立学校の教室内に十字架などの宗教的シンボルを掲示することが憲法違反であるという判例がありますし，とくにフランスでは学校内の政教分離のために生徒にも宗教的なシンボルを身に付けることを禁じ，イスラム教の女子生徒のスカーフを着用禁止にしたことが大きな問題となりました。また，日本も含め多くの国では公立学校での教派教育を禁じており，一般的な知識としての「宗教」を教えることは可能ですが，特定の教派の教義を教えることは政教分離に違反すると考えられています（日本の場合，私立学校では「道徳」を「宗教」教科に置き換えて教派的な宗教教育を行うことが可能です）。

　また，特定の宗教への特権付与や不利益も政教分離の問題となります。日本では1996年3月8日の**神戸高専剣道受講拒否事件最高裁判決**で，エホバの証人の学生のみに必修科目の剣道を免除することが政教分離に違反するかが争点となっています。最高裁は宗教上の理由で剣道に参加できない学生に，レポート提出などの代替措置を求め，それを実技に代えて評価することは「その目的に

おいて宗教的意義を有し，特定の宗教を援助，助長，促進する効果を有するものということはできず，他の宗教者又は無宗教者に圧迫，干渉を加える効果があるともいえない」として，宗教を理由に他の学生には認められていない特別な措置をとることも政教分離に違反するものではないと判断しています。

2　私学助成と政教分離

加えて，宗教系の私立学校への助成金である私学助成の支出も問題となります。一般に，私学助成は教育のもつ公共性や憲法第26条が規定する教育の機会均等の観点から，政教分離には違反しないと考えられています。私学助成を受けることができなければ，宗教系の私立学校の経営は困難になり，教育の質が低下し，ひいてはその学校に通う生徒の教育を受ける権利が侵害される可能性があるためです。もっとも，宗教系の学校への助成に際しては「公の支配」が及んでいる必要があると考えられます。したがって，学校教育法に規定された「学校」のみが私学助成の対象となり，私塾など公の支配を受けない教育機関に助成を行うことは許されないと考えられています。

まとめ

この章では，思想・良心の自由，信教の自由，政教分離という，人の心の中の権利と関わる憲法上の規定を見てきました。これらの規定と学校教育は密接な関わりをもちます。学校は教育の場であり，単なる知識の伝達に加えて，一定の価値観を子どもに教える場面が多くなります。この際に，子ども（あるいはその背後にいる親）の思想や信仰を侵害する場合があるためです。そして，子どもの内心を教師が侵害する場合，そのことが取り返しのつかない結果を生むこともあります。内申書事件では不利益な記載をされた生徒は全日制高校すべてに不合格とされたわけですが，これがどれほど大きな不利益かは言うまでもないでしょう。

教員は子どもの内心形成を助け，寄り添っていく立場ですが，同時に地方公務員として子どもに対して権力をふるう立場でもあります。したがって，憲法を順守し子どもの人権を侵害しないよう自己抑制することが求められます。子どもの内心にまで介入する権利は教員にはないのです。

さらに学びたい人のために

○西原博史『良心の自由と子どもたち』岩波書店，2006年。

　　学校において価値観を押し付ける教育を行ったり，親や子の信念に反する教育を行ったりすることは，教育の役割の一つである一方，思想・良心の自由への侵害になりかねないものです。この本では子どもの権利を親の権利と結び付け，これまで子どもの思想・良心の自由の侵害の主体とは考えられてこなかった教師による人権侵害の可能性を指摘するとともに，子どもの良心の自由を守るための親の役割について再定位を試みています。

○島薗進『国家神道と日本人』岩波書店，2010年。

　　現代日本の政教分離を考えるうえで欠かせない国家神道について，歴史的・包括的に理解するためにおすすめの一冊です。本書では，江戸時代後期以降，神道と天皇がどのような形で結び付けられてきたのか，明治維新以後の日本政府の天皇の神格化や教育，軍隊において国家神道と天皇の果たしてきた役割などがわかりやすく解説されます。さらに，戦前において国家神道が日本人にとってどのような意味をもっていたのか，天皇や国民との関わりといった観点を踏まえてまとめられています。

○渡辺康行『「内心の自由」の法理』岩波書店，2019年。

　　この本では，信教の自由，思想・良心の自由，政教分離について総合的に検討されています。第1部ではドイツの信教の自由・政教分離，第2部では日本の思想・良心の自由，第3部では日本の信教の自由と政教分離が扱われていますが，通常独立して検討されることの多いこれらのトピックを相互交流するものとして捉え，タイトルの「内心の自由」という言葉に象徴されるように総合的な考察を行うのが特徴です。また，思想・良心の自由と信教の自由は三段階審査，政教分離については二段階審査の手法を提唱しており，司法審査論に興味のある読者にとっても必読の書となっています。

第6章

学問の自由
──教員の「教育の自由」とは──

- ● ● ● 学びのポイント ● ● ●

- 大学で学ぶ学問，そして学問の自由とは何かを考えてみよう。
- 学問の自由は，大学だけなのか，考えてみよう。
- 小中高校の教員は，どこまで自由に教えることができるか考えてみよう。

WORK　大学って何？

① これまで，小学校，中学校，高校，そして大学と学んできたと思います。このような学校で学習する内容は誰が決めているのでしょうか。

　幼稚園，小学校，中学校，高等学校，特別支援学校の教育内容については，文部科学省が定めている学習指導要領（幼稚園は幼稚園教育要領）があります。希望する学校種の学習指導要領（教育要領）を見てみましょう。

　そこではどのような内容が示されているでしょうか。またどのような指導方法で教えるように書いてあるでしょうか。たとえば国語の指導で，音読のさせ方（大きな声で読む），漢字練習のさせ方（字を丁寧に書く）などについても言及しているでしょうか。

【調べのヒント】

　文部科学省の学習指導要領に関するウェブサイト（http://www.mext.go.jp/a_menu/shotou/new-cs/index.htm）が参考になります。

　また，学習指導要領とその解説については，東洋館出版社などから出版されています。たとえば小学校の国語は，文部科学省『小学校学習指導要領（平成29年告示）解説　国語編』東洋館出版社，2018年，です。

② 大学の先生は，研究に基づいて，授業を行っています。履修している科目の中から，一人の先生を選び，その先生がどのような研究をしていて，他にどんな授業を担当しているか，調べてみよう。

● 導　入 ● ● ● ● ● ● ● ● ●

　大学に入学して，高校とは違うアカデミックな雰囲気を感じているでしょうか。大学とは真理を発見・探究する，まさに学問をする場です。大学の先生は，日々，研究に明け暮れ，その成果に基づいて，皆さんに講義をしています。これは学問の自由に基づいています。

　大学の先生と同じように，小中高の先生も自由に授業を展開したら，どうなるでしょうか。大学入学共通テスト（2020年までは大学入試センター試験）は実施できないかもしれません。他方，文部科学省が教える内容のすべてを決めることになると，学校独自の教育を実施することもできなくなります。万が一，文部科学省が間違ったことを決めた場合，全国の子どもたちが誤った知識を身に付けることにもつながりかねません。一体，小中高校の先生はどこまで教える自由があるのでしょうか。

● ● ● ● ● ● ● ●

1 学問の自由って何？

1 学問とは何か？

　私たち一人ひとりが学問をする自由を憲法第23条は保障しています。もちろん学問をする場所は問いません。研究所でも，図書館でも，そして自宅の書斎でも構わないのです。しかし学問の中心はやはり大学とされており（短大や専門職大学も含みます），憲法第23条は大学における**学問の自由**をとくに保障していると考えられています。

　ところで大学で学んでいる学問とは何でしょう。高校までの勉強とはやはり違いますよね（語学や体育など，高校の延長的な科目もありますが）。学問とは真理の探究であり，既存の枠組みや秩序を超越するという性格があります。時としてその時代の「常識」，国家の方針や政策と衝突することがあります。歴史を紐解くと，たとえば地動説を唱えたガリレオは，ローマ教皇庁によって迫害を受けました。日本でも，明治憲法の時代に，滝川事件[*1]や天皇機関説事件[*2]のよう

に国家権力によって学問が危機にさらされた歴史があります。

憲法は，私たちが学問することを国家権力から守ってくれているのです。

2 学問の自由の内容

大学の先生たちって，毎日何をしているか知っているでしょうか。皆さんが目にするのは，授業をする姿かもしれません。これは学問の自由の一つである教授の自由に支えられています。パワーポイントを使って教えるかどうか，どのような構成で授業を行うか，どのような本を教科書として指定するかなど，100％の教授の自由をもっています。

大学の先生たちの仕事はそれだけではありません。皆さんが見えないところで，日々，研究に明け暮れ，世界中のライバルと鎬を削っているはずです。もっとも研究をしない先生もいるのは事実です。また入学式に挨拶をするような学長や学部長になると，会議の時間が多くなり，研究をしたくてもできないことも多いです。さらに非常勤講師として教えている先生は，いくつかの大学を掛けもちで講師を務めており，研究費も自分で捻出しなければならず，なかなか研究が進まないのが実態です。

憲法のような理論系の学問分野では，専門の出版社が刊行している学術書，『ジュリスト』『法律時報』といった法律専門雑誌，そして裁判判例を読み込んだうえで，論文を書いたり，学会で発表したりすることが研究活動になります。これは同じく学問の自由の含まれる研究の自由，研究発表の自由に基づいています。

研究の自由については，文字通り，教員・研究者が自由に研究テーマを決め，研究をしてよいということです。たとえば文部科学省は，次世代に向けて，

＊1　**滝川事件**：京都帝国大学（現在の京都大学）の刑法学者であった滝川幸辰が，その刑法の著書が共産主義的であるとして発禁処分を受け，文部大臣が大学に彼の罷免を要求したことに対して，教授らが辞職して抗議した事件。

＊2　**天皇機関説事件**：東京帝国大学（現在の東京大学）の憲法学者であった美濃部達吉（当時は貴族院議員）が唱えた天皇機関説が国体に背く学説であるとされ，発禁処分となり，各大学でその学説を教えることも禁止された事件。

AI の開発に重点的に予算を配分し，研究を推進することはできますが，特定の大学の教員に「AI と人権」について研究せよと，命じることはできません。

　また文学の研究であれば，図書館，研究室，そして自宅に閉じこもって，一人で研究するということもあるかもしれませんが，通常，研究の成果があがれば，論文を執筆し，それを学術雑誌（理系なら『サイエンス』や『ネイチャー』）に投稿したり，学会で発表したりします。もし国家の秩序を乱すおそれがあるなどという理由で，国家によって発表を禁止されるようなことがあれば，研究自体が無意味なものとなってしまいます。それゆえ，研究を発表する自由も保障されなければなりません。

　最近では，データを改ざんするなどで捏造論文を発表したような事件もあります。しかし，研究不正があったかどうかの判断は研究者同士の議論にゆだねるべきで，文部科学省や警察が一方的に「不正」を認定すべきではありません。

3　大学の自治

　憲法第23条は「学問の自由は，これを保障する」としか定めていません。しかし，**大学の自治**も保障されていると考えられています。つまり大学における学問の自由をより確実に保障するためには，大学が文部科学省を含めた外部の権力に干渉されないことが必要であり，そのために大学は独立して自由に教育・研究を行うことが求められます。1963年5月22日の**ポポロ事件最高裁判所判決**でも，「大学における学問の自由を保障するために，伝統的に大学の自治が認められている」と判示されています。

　大学の自治の下，大学は構成メンバーによって自律的に運営されています。たとえば誰を教員として採用するかについては，高校でいえば職員会議にあたる大学の教授会（教授だけではなく，准教授なども参加するのが一般的です）が決定します。入試の合否判定，学生が試験でカンニングをした場合の処分，学費未納による除籍処分なども教授会で決定しています。

　最近では，学長のリーダーシップが強化され，教員の人事，大学の予算については学長が決定権を有している大学もありますが，大学では民主的な決定が

図6-1　東京大学の安田講堂

出所：筆者撮影。

必要であり，学長の独裁体制というのはあるべきではないでしょう。

　大学の自治は，伝統的に教授会に認められてきました。しかし，大学の運営については，学生にも参加権があるといってもよいのではないでしょうか。たとえば学長の選挙において，学生の意見が反映されるような仕組みがあってもよいでしょうし，学園祭の期間，サークル棟の利用時間など，学生生活の身近な問題についても大学に対して要望を出したり，意見を聴いてもらう権利はあると考えられます。

　大学の自治で有名な判例は，先にあげたポポロ事件です。この事件では，東京大学の学生団体「ポポロ劇団」の演劇発表会が大学の教室で行われている最中，私服の警察官がいることを発見した学生が警察手帳の呈示を求めたところ，暴行があったとして，刑事起訴されました。最高裁判所は，大学外で行われている集会と同じような学生の集会は，大学構内であっても大学の自治の範囲とは言えないとし，警察官が立ち入ったとしても大学の自治を侵すものではないとしました。しかし，この事件で登場する警察官は，皆さんが街中でよく目にするお巡りさんではありません。私服で，極秘に潜入捜査をする，いわゆる公安警察です。このような公安警察の活動は，自由な教育研究や大学の自治を脅かす危険性がきわめて高く，最高裁判所の判断には批判が多いところです。

4　大学をめぐる状況

　30年前，18歳人口は200万人ぐらいでしたが，少子化の中，120万人を切っています。この間，大学進学率は34.1％から53.7％まで伸びました。文部科学省の試算では，2021年から18歳人口が減少し続け，2040年には約88万人まで減少することが予測されています。これは，選ばなければ，誰でも大学に入れる時代がやってくるというだけではなく，大学が倒産する時代に突入することを意

味します。

　すでに小中学校や高校が統廃合されているように，大学も統廃合が議論されています。国立大学では，一つの国立大学法人が，複数の大学を運営するというアンブレラ方式によって，大学の統合を進めています。たとえば名古屋大学と岐阜大学は，2020年度から東海国立大学機構として統合しています。また各都道府県には，必ず一つ，国立大学の教員養成学部がありますが，2020年度からは，群馬大学と宇都宮大学が共同教育学部を設置することとなりました。

　私立大学でも，統合の動きがあります。2008年には，共立薬科大学が慶應義塾大学と合併し，慶應義塾大学薬学部となりました。最近では，より合併を進めるために，学部を譲渡しやすいようにする法制度がつくられています。2020年度からは，神戸山手大学が唯一設置している現代社会学部を関西国際大学に譲渡し，関西国際大学現代社会学部としてスタートしています。

2　小中高校の教員の教育の自由

1　小中高校の教員に自由はあるか？

　大学の教員は教授の自由に基づき，原則として自由に講義を行うことができます。化学の授業であるとしても，自らの専門に引き付けて，有機化学，また生化学に重点を置く授業をしても構いませんし，どのような教科書，参考書を使っても構いません。しかし，同じような教授の自由が，**教育の自由**として，小中高の先生にも認められるでしょうか。

　もし100％自由に教育できるとすると，高校の日本史では，先生の好きな時代だけを重点的に教えることも許されます。しかし，先生ごと，学校ごと，地域ごとに，教える内容が異なる事態となると，とくに義務教育段階における全国どこで学んでも同じ内容の教育が受けられるという平等性が崩れます。極論すれば，大学入学共通テストの実施も困難になるでしょう。また独自の教育理

＊3　中央教育審議会「2040年に向けた高等教育のグランドデザイン（答申）」。

念や立場から教えている先生も許されることになります。このような先生に対して、大学生ならば、先生の教えた内容を無批判に受け入れることはないですが、小中高校生の場合、どうなるでしょうか。場合によっては洗脳のおそれもあります。

この点、最高裁判所は1976年5月21日の**旭川学力テスト事件**[*4]において、小中高校においても教える具体的内容と方法について、一定程度、教授の自由が保障されることを認めていますが、教育の機会均等と全国的に一定の教育水準を保つため、「完全な教授の自由を認めることは、到底許されない」としています。

2　学習指導要領

幼稚園、小中高校、特別支援学校では、全国的なカリキュラムとして、学習指導要領があります（幼稚園は教育要領）。これは、学校教育法上、文部科学大臣が定めることになっている告示で、教科書や授業のもとになっているものです。たとえば、小学校の算数では、5年生で三角形、平行四辺形、ひし形、台形の面積の求め方を指導し、6年生で円の面積の求め方を指導するよう示されています。

学習指導要領は教育実習時、授業の指導案を作成する際に必須です。指導案では、授業が学習指導要領のどこに位置付けられるか明記する必要があります。また教員採用試験ではその内容が出題されますので、丸暗記しなければなりません。それゆえ教員志望の学生には「絶対的」な存在であり、学習指導要領に従うことは当然でしょう。

たとえば、2019年度の東京都教員採用試験（小学校全科）では、次のような問題が出題されました。

[*4]　**旭川学力テスト事件**：文部省の全国一斉学力テストを妨害した教員が公務執行妨害罪などで起訴された事件だが、その裁判過程で学力テストの実施が憲法や旧教育基本法に反しないかなどについて争われた。

> 小学校学習指導要領体育の「各学年の目標及び内容」の「第3学年及び第4学年」の「目標」に示されているものとして適切なものは，次の1～4のうちどれか。
> 1　活動を工夫して各種の運動の楽しさや喜びを味わうことができるようにするとともに，その特性に応じた基本的な技能を身に付け，体力を高める。
> 2　協力，公平などの態度を育てるとともに，健康・安全に留意し，最後まで努力して運動をする態度を育てる。
> 3　自己の運動や身近な生活における健康の課題を見付け，その解決のための方法や活動を工夫するとともに，考えたことを他者に伝える力を養う。
> 4　各種の運動遊びに進んで取り組み，きまりを守り誰とでも仲よく運動をしたり，健康・安全に留意したりし，意欲的に運動をする態度を養う。

※答えは3

　しかし，先の教員の教育の自由から考えてみてください。もし学習指導要領が，教員を法的に縛るもの，つまり従わなければクビ（懲戒解雇）になる基準であったとすれば，教員の教育の自由はほぼゼロになります。それゆえ，教員の教育の自由との関係で，学習指導要領が教員を法的に拘束する，いわゆる法的拘束力があるかどうか，次項の教育権論争を踏まえ，議論されています。

　なお学習指導要領は，告示であり，法律ではありません。国民へのお知らせのような立ち位置の法令です。もともと教員の手引きにしか過ぎなかったのですが，文部省（当時）が1958年の改訂の際に，告示として官報に掲載して以来，法的拘束力を主張するようになったという複雑な歴史的事情があります。

▨3▨　国民の教育権 vs 国家の教育権

　そもそも教育の内容については誰が決めるのでしょうか。国でしょうか，それとも現場の教員でしょうか。

　おそらく皆さんは，国が決めるのは当たり前と考えているかもしれません。国が教育内容を決めるべきとする学説が，**国家の教育権説**です。これは，教育も一つの国の政策である以上，国会が法律によって教育内容・方法を決定すべ

きということになりますが，実際上，国会ですべてを定めることは困難なので，文部科学省に任せることになるという考えです。先に述べたように，文部科学省では，学校で教える教育内容については学習指導要領を作成しており，同省はこれが法律と同じ法的拘束力を有するという立場です。

　これに対しては，**国民の教育権説**があります。そもそも教育とは子どもと親の間で行われた営みでしたが，近代に至り親の要求に基づいて国家によって公教育が組織されました。それゆえ，まずは親の教育の自由が尊重されなければなりません。親，そして国民全体から委ねられたという前提の下，教育の専門家（プロ）である教員が，自由に具体的な教育内容・方法を決定し，子どもに教育を行うべきとされます。この説からすれば，教育内容に介入する学習指導要領は教員を法的に拘束せず，必ずしも従わなくてもよい，単なる教員の手引きにすぎません。

　皆さんは，どちらの学説を支持するでしょうか。国家の教育権説では政権与党の意向がかなり反映されてしまいます。これでは自民党・公明党の連立政権から，立憲民主党や日本共産党への政権交代があった場合，教育内容も大きく変わる可能性が高く，教育の中立性が維持できないでしょう。もちろん国民の教育権説も問題がないわけではありません。教育の内容が先生たちの自由な選択に委ねられることになると，先生ごと，学校ごとに教える内容が異なることになり，高校の授業では中学校内容の復習が必要になるかもしれませんし，大学入試の際の大学入学共通テストの実施はかなり困難になります。

　このような国民の教育権と国家の教育権が対立する中，1976年に最高裁判所の大法廷において**旭川学力テスト事件判決**が出されました。判決では，まず国民の教育権も国家の教育権も極端かつ一方的であるとされました。そして，教員に教育の自由が認められるとはしましたが，児童・生徒には教育内容を批判する能力がなく，全国的に一定の水準を確保すべき要請もあり，完全な自由は認められないとしました。国も「必要かつ相当と認められる範囲」において権限を有するとしたのです。

　旭川学力テスト事件判決は，教育の大枠の（大綱的）基準については法的拘束力があるとしましたが，学習指導要領自体がそれに該当するかどうかについ

ては明言を避けました。しかし1990年1月18日の**伝習館高校事件最高裁判所判決**[*5]では，学習指導要領には法的拘束力があると示されました。もっとも実際のところ，学習指導要領にはさまざまな規定が含まれており，必要以上に詳細すぎ，教員の判断の余地にまで踏み込む（指導法などについても細かく定める）場合は，法的拘束力がないと解釈することもできます。

とりわけ特別支援教育では，さまざまなニーズを有する子どもたちに対応する必要がある以上，学習指導要領ではすべてを定め切れず，実際には教員の現場での判断が優先されるべきでしょう。

4　学校現場におけるスタンダード

教員の教育の自由からすれば，学習指導要領は大綱的なものにとどまらなければなりません。しかし学習指導要領は，ここ数回の改訂で，より詳しくなっています。また地方自治体の教育委員会でも，授業や生活指導について，独自のスタンダードを策定していることがあり，いわゆるマニュアル化が徐々に進行しつつあります。東京都のある自治体では，授業のはじめに，「めあて」を板書することをスタンダードにしています。また岡山県では，児童・生徒に対する指導のスタンダードとして，「足の裏を床につける」「手はまっすぐ上に」「授業の前後の挨拶も，腰から曲げる頭の下げ方を示す」などがあげられています。

なぜこのようなスタンダード化・マニュアル化が進んだのでしょうか。ひと昔前でしたら，30〜40代の中堅教員が若手教員に授業や生徒指導のノウハウを伝授したり，相談にのっていました。しかし，大量採用の結果，若手教員を育む余裕が学校にはなくなり，マニュアルに頼らざるを得なくなったのです。

学校には，さまざまな個性，そして背景をもった子どもたちがいます。また現在の学習指導要領では，「主体的・対話的で深い学び」が求められています。このような多様な教育が求められる時代に，スタンダード化・マニュアル化で

[*5]　**伝習館高校事件**：公立高校の社会科教員が教科書を使用せず，学習指導要領を逸脱して授業を行ったために懲戒処分を受け，その取消しを争った事件。

対応できるのでしょうか。マニュアルに頼らない教員としての力量をぜひ身に付けてほしいところです。教育基本法第9条にも、「法律に定める学校の教員は、自己の崇高な使命を深く自覚し、絶えず研究と修養に励み、その職責の遂行に努めなければならない」と規定されています。

 まとめ ....

　学問の自由は、日本だけではなく、世界の文化の継承のうえで、非常に重要な権利です。しかしながら、その中心である大学は、少子化などの中で、大きな変革に迫られています。

　幼稚園、小中高校、特別支援学校の先生の教える自由（教員の教育の自由）は、学習指導要領をどう捉えるか、そして原理的に、学校の教育内容を決定する主体は誰かという問題の中でさまざまに論じられています。学習指導要領は、必ずしも「絶対的」なものではありません。

 さらに学びたい人のために

○宇沢弘文『学問の自由と経済学の危機』かもがわ出版，1989年。
　　1950年代にアメリカでも学問の自由が脅かされました。マッカーシズムにより経済学者が共産主義者とのレッテルを貼られ、大学を不当に追放されたのです。これに対して大学教員らがどのように抵抗したのかが窺い知れます。

○原武史『滝山コミューン一九七四』講談社，2010年。
　　70年代の東京西部地区にある小学校での話です。小学校では集団行動が求められますが、その影の部分、それを支える教員らの権力性について、生々しく描かれています。当時の中学受験状況や教員のストライキなども理解できます。

○こだま『夫のちんぽが入らない』講談社，2018年。
　　「5時限目の授業を行うために教室に入ると、教卓の上にごみ箱の中身が全部ぶち撒かれていた。だらしなく垂れる醤油、算数の時間に配ったプリント、バナナの皮、飲みかけの牛乳」。題名は少々過激ですが、学級崩壊により、精神的に疲弊し、5年で小学校教員を退職した先生の私小説です。教員同士の結婚生活についても窺い知れます。

第7章

表現の自由
——インターネット社会と名誉・プライバシー——

● ● ● 学びのポイント ● ● ●

- なぜ表現の自由は重要なのか，考えてみよう。
- 表現の自由が他の権利を侵害することについて，名誉毀損やプライバシー侵害を素材にして，考えてみよう。
- インターネット社会における表現の自由について，ヘイトスピーチやリベンジポルノを素材にして，考えてみよう。

WORK 　実名報道は必要？

1．被害者・加害者の実名報道

　社会的に注目される大きな事件が起こると，新聞やテレビなどの報道機関は，事件の当事者の氏名や生い立ちなどを詳細に報道することがあります。犯罪の加害者と被害者の双方について，報道機関がその氏名や年齢などを報道することが，どのような意義や問題をもつのでしょうか。

【調べのヒント】京都アニメーション放火事件

　2019年7月に発生した，京都アニメーションへの放火事件では，従業員36名が犠牲になりました。この事件では，犠牲者の実名を報道することの是非をめぐって激しい論争が起きました。同年9月に高知市で開催されたマスコミ倫理懇談会の第63回全国大会では，「伝えるのは，何のため，誰のため」をメインテーマに，実名報道のあり方が議論されました。

2．少年犯罪と推知報道

　少年法第61条は，罪を犯した少年が社会復帰をしやすいように，事件を起こした少年が誰であるかを窺い知れるような報道（具体的には，氏名や年齢，職業，住居，容貌などの報道）を禁止しています（推知報道の禁止）。

　この法律について，憲法の保障している表現の自由とどのような関係があるか，考えてみよう。

【調べのヒント】「僕はパパを殺すことに決めた」事件

　2006年に当時16歳の少年が自宅に放火し，母子3名が死亡した事件をめぐって，少年の精神鑑定などの記録を医師から入手したジャーナリストが，同名の著書として記録を公開した事件。無断で記録を公開された医師は，その後，秘密漏示罪で有罪になりました。

● 導　入 ● ● ● ● ● ● ● ●

　私たちは，日頃から，友達と話をしたり，SNS に投稿をしたりして，自分の思いや考えを伝えています。また，新聞を読んだり，テレビを見たりして，さまざまな情報に接してもいます。こうしたことを，憲法はどのように保護しているのでしょうか。その保護の仕方には，マスメディアやインターネットは，どのように影響しているのでしょうか。

　さらに，私たちは，他の人の発言によって傷つけられたり，また自分の発言によって他の人を傷つけたりすることもあります。とくに最近では，他の人を差別する発言をすることや，他の人の性的画像をインターネット上に公開することも行われるようになっています。こうしたことは，憲法の観点からは，どのように評価されるのでしょうか。

● ● ● ● ● ● ● ● ●

1 表現の自由の重要性

1　表現の自由の価値──自己実現と自己統治

　憲法第21条は**表現の自由**を保障しています。人を傷つける表現も保護することは，一見すると，奇妙に見えるかもしれません。なぜ表現の自由は保障されるのでしょうか。

　この問いには 2 つの答えが示されてきました。一つ目の答えは，表現の自由は，個人の**自己実現**に貢献するというものです。私たちは，日々，さまざまな対話を行っています。日記をつけることで，自分自身と対話を行うこともありますし，自分の意見を述べることで，他者と対話を行うこともあります。こうしたことを通して，自分はどのような考えをもっているのかを知り，他者とどのような関係を築いていくのかを決めることになります。

　二つ目の答えは，表現の自由は，市民の**自己統治**に奉仕するというものです。憲法は民主主義というシステムを採用しています。このシステムがうまく働くためには，さまざまな問題について，多くの市民がそれぞれの考え方を表明す

ることが重要となります。この議論によって、市民の考え方が形成され、国家の政策に反映されていくことになるからです。

▌2 表現の自由の保障——思想の自由市場

もっとも、人を傷つける表現には、自己実現や自己統治に貢献しないものもあります。こうした表現は簡単に規制してもよいのでしょうか。この問いに答えるのが、**思想の自由市場**という考え方です。

思想の自由市場とは、市民がお互いに議論する空間を、経済市場にたとえて説明するものです。経済市場では、企業が販売する商品の中から、どの商品を選択し購入するのかは、それぞれの消費者が決定します。これと同じように、言論市場でも、市民が表明する意見の中で、どの意見に納得し支持するのかは、それぞれの市民が判断すべきこととなります。

そのため、ある意見の是非をめぐって論争が起こるとしても、その解決は市民の間の議論に委ねられます。逆にいえば、国家が特定の見解を支持したり、規制したりすることは、強く避けるべきです。国家は、社会通念に反する意見や、政権与党に不都合な意見を規制する傾向を強く有しているからです。

しかも、国家が特定の意見を支持し、それと反対の意見を規制しようとする場合に、その規制がもつ影響力は、非常に強いものとなります。ある意見を表明すれば、国家によって処罰されてしまう場合に、あえてその意見を表明しようとする人は、それほど多くはありません。表現の自由は、重要な価値を有するのにもかかわらず、国家による規制には脆弱ですので、国家によって規制が加えられれば、重要な表現活動は萎縮してしまいます。

したがって、ある表現が自己実現や自己統治に貢献しないとしても、その是非は、国家による規制ではなく、市民の間の議論に委ねられるべきです。思想の自由市場とは、国家に対する不信を前提にして、国家が表現の自由を規制しないことを強調するものといえます。

2 マスメディアの自由

1　マスメディアと知る権利

　表現の自由は市民の間の議論によって保障されます。しかし，現実には，マスメディアが一方的に情報を伝達し，ときには人を傷つける表現をすることもあります。個人とマスメディアの表現に違いはあるのでしょうか。

　マスメディアとは，情報の収集・整理・伝達を専門とする多くのジャーナリストが，新聞社では新聞，放送局では電波という特別な手段を使用して，多数の大衆に大量の情報を伝達するものです。

　マスメディアは，こうした特性に基づき，大きな社会的影響力を有するだけでなく，今日の言論空間の多くを独占してきました。それに対して，市民は，マスメディアを自由に利用することはできません。たしかに街頭演説やデモ行進によって意見を表明することはできますが，マスメディアほどの影響力をもつことはできません。

　今日では，マスメディアが情報の送り手となり，市民は情報の受け手にとどまるという状況が固定しています。マスメディアは，言論空間を独占し，大量の情報を伝達することにより，市民に対して大きな影響力を有しています。しかし，マスメディアが誤った情報や偏った情報を伝達すれば，市民は，意見の形成を阻害されたり，自己の権利を侵害されたりするなど，大きな不利益を被ることになります。

　こうした状況に直面して，表現の自由は，市民が正確で多様な情報を受け取る権利として理解されるようになりました。マスメディアは，市民の**知る権利**に奉仕する限りで，表現の自由を享受することになります。

2　取材の自由

　マスメディアは，重要な情報を報道することを通して，市民の知る権利に奉

仕します。このことを確保する方法として，マスメディアに特別な権利を認めることが考えられます。ここでは取材の自由を取り上げてみましょう。

　記者による取材は，事実を報道する行為ではありませんが，事実を適切に報道する前提となるため，知る権利と密接に関連しています。最高裁判所も，1969年11月26日の**博多駅フィルム提出命令事件決定**において，**報道のための取材の自由**は，憲法第21条の精神に照らし，十分尊重に値するとしました。その根拠としては，報道機関の報道が国民の知る権利に奉仕することが強調されています。もっとも，この決定では，公正な刑事裁判の実現のため，放送局に取材フィルムの提出を命じることは，憲法第21条に反しないとされました。

3　取材源秘匿権

　取材の自由は記者が実際に取材を行うことを保護しますが，この保護には記者が将来的に取材を行うことも含まれます。記者が裁判所に証人として喚問され，取材の情報源の開示を要求される場合を考えてみましょう。

　記者に情報を提供する人には，自身が情報源であることが発覚すれば，さまざまな不利益を被る人もいます。こうした人が取材に応じる場合には，記者は取材源の秘匿を条件にします。裁判の場であっても，記者が情報源の開示を強制されれば，将来的に取材協力を得ることは困難となります。そのため記者に**取材源を秘匿する権利**を認める必要があります。

　この問題については，民事訴訟法と刑事訴訟法とで規定が異なっています。民事訴訟法では，正当な理由なく証言を拒絶した場合には，一定の制裁が課されますが（第200条），正当な理由がある場合には，証言を拒絶することが認められています（第196条，第197条）。記者の取材源の秘匿は，第197条第3号の「職業の秘密」に当たるので，記者には証言の拒絶が認められています。

　それに対して，刑事訴訟法では，記者の取材源の秘匿は認められていません。刑事訴訟法でも，証言の拒絶には罰則が課されますが（第160条），一定の場合には証言の拒絶も認められています（第149条）。しかしそこには，民事訴訟法の「職業の秘密」に相当する規定は設けられていませんので，公正な刑事裁判

の要請が優先することになります。

　しかし，取材の自由は知る権利にとって重要であること，マスメディアには特別な権利を保障する必要があること，民事事件では取材源秘匿権が認められていることからすれば，刑事事件でも取材源秘匿権を認めることが必要です。

3 表現の自由と名誉・プライバシー

1　表現の自由と他の権利の調整

　ここまでは，表現の自由とマスメディアの自由を検討してきました。しかし，両者が重要な権利であるにしても，他者の権利を侵害する場合には，法律によって規制されることになります。とくに名誉を毀損しプライバシーを侵害する表現は，今日のインターネット社会では重大な権利侵害を引き起こしています。もっとも，過剰な規制は，重要な表現活動まで萎縮させてしまいます。そのため表現の自由と他の権利を適切に調整することが必要となります。

2　名誉毀損

　このことを**名誉毀損**を素材に考えてみましょう。名誉毀損とは，一定の表現により，人の社会的評価を低下させることをいいます。名誉は古くから保護されてきましたが，今日でも名誉毀損は違法とされています。刑法第230条は，公然と事実を摘示し，名誉を毀損した者は，3年以下の懲役もしくは禁錮，または50万円以下の罰金に処すると定めています。

　しかし，とくに政治家に対する名誉毀損は，重要な政治的批判であることもあります。こうした批判まで規制すれば，民主主義は正常に機能しなくなってしまいます。そのため，名誉と表現の自由を調整するために，刑法第230条の2が設けられました。名誉毀損は，①公共の利害に関する事実に関わること（公共性），②公益を図る目的を有すること（公益性），③真実の事実に基づくこと（真実性）を証明した場合には処罰されません（**真実性の抗弁**）。

この３つの要件のうち，第一の公共性と第二の公益性は容易に証明すること
ができますが，第三の真実性は証明が困難なことも多く，過度に証明を求める
と表現活動が萎縮してしまいます。そのため，最高裁判所は，1969年６月25日
の「夕刊和歌山時事」事件判決において，真実性の証明に失敗したとしても，
事実を真実と誤信したことについて，相当の理由があるときには，名誉毀損罪
は成立しないとしました（**相当性の抗弁**）。この判決は，表現の自由の保護のた
めに，刑法第230条の２を拡張的に解釈したものです。

　なお，名誉毀損は，民法でも責任を問うことができます。民法上の名誉毀損
でも真実性や相当性の抗弁が妥当しますが，事実の摘示だけでなく論評の表明
も問題となります。*1 しかし，論評の表明による名誉毀損を容易に認めると，表
現の自由を過度に制約してしまいますので，人身攻撃に及ぶなど論評としての
域を逸脱する場合を除き，名誉毀損は成立しません。ここでも名誉と表現の自
由の調整が図られています。

3　プライバシー侵害

　次にプライバシー侵害を考えてみましょう。プライバシーとは私事に関する
権利のことですが，その内容は問題となる現実に応じて発展してきました。

　19世紀末のアメリカでは，イエロージャーナリズムが顕著となり，新聞社は，
発行部数を稼ぐために，著名人の私生活を暴き立てていました。プライバシー
権はこの状況を背景に登場しましたが，ここでは，放っておいてもらう権利と
して理解され，私生活を公開されない権利を意味していました。

　それに対して，今日の情報化社会では，自己情報コントロール権として理解
されています。ここでは，自己に関する情報が収集・蓄積・利用されることを，
どのように統制するのかが問題となります。

　他人の私生活の公表は，公表された人にとっては，プライバシー侵害となり

＊１　刑罰は国家権力の純然たる発動にあたるので，刑法の文言は厳格に解釈する必要がある。刑法
　　第230条は，「事実を摘示」との文言を使用しているので，意見を表明することに適用すること
　　はできない。

ますが，公表する人にとっては，表現の自由の行使でもあります。ここでも，2つの権利を調整する必要があります。なお，プライバシー侵害については，名誉毀損とは異なり，公表された事実が真実であるかは重要ではありません。私生活の公表は，それが真実であるからこそ，問題となるからです。

①1964年「宴のあと」事件判決

裁判所は，表現の自由とプライバシーの調整について，一定の基準を提示してきました。まず1964年9月28日の「宴のあと」事件東京地裁判決をみてみましょう。ここでは，小説家三島由紀夫が，戦前に外務大臣も務めた政治家有田八郎について，1959年の東京都知事選で落選したことを題材に，モデル小説「宴のあと」を執筆したことが，プライバシー侵害にあたるとされました。

東京地裁は，プライバシー侵害が救済されるためには，公開された内容が，①私生活上の事実として受け取られるおそれがあること（私事性），②一般人の感受性からして公開を欲しないと認められること（秘匿性），③一般の人々には未だ知られていないこと（非公知性）が必要であるとしました。このプライバシー侵害の三要件は今日でも適切な基準として評価されています。

②1994年ノンフィクション「逆転」事件判決

さらに，1994年2月8日のノンフィクション「逆転」事件最高裁判決では，著作の中で，本土復帰前の沖縄で米兵を暴行し有罪とされた人について，実名を使用し前科を公表したことが，プライバシー侵害にあたるとされました。

しかし最高裁は前科の公表が許容される場合も指摘しています。その際には，事件の歴史的または社会的な意義，当事者の重要性，その者の社会的活動および影響力について，著作の目的や性格などに照らし，実名を使用する意義や必要があるのかを考慮するとしています。

裁判所の判例では，表現の自由とプライバシーの調整について，一方の権利が常に優越するわけではありませんが，被害を受けた当事者は公人か私人か，公表された事実は公的事項か私的事項かなどを考慮することによって，問題となる表現が社会の正当な関心事にあたるかを判断しているといえます。

4 ヘイトスピーチ

▌1 表現の自由とインターネット

　以上では，名誉毀損とプライバシー侵害を素材に，表現の自由と他の権利の調整について検討してきました。名誉にせよ，プライバシーにせよ，表現の自由との間で，一定の調整基準が成立しています。しかし，今日では，とくにインターネットの発達とともに，新たな問題が生じてきました。インターネットでは，一般市民が容易に不特定多数の人々に意見を発信することができ，表現の自由の保障に貢献する側面を有していますが，発信された情報は半永続的にインターネット上に残されますので，重大な権利侵害を引き起こす危険性もあります。このことをヘイトスピーチとリベンジポルノを素材に考えてみましょう。

▌2 ヘイトスピーチとは

　まずヘイトスピーチについて検討します。ヘイトスピーチの定義については，さまざまな見解がありますが，ここでは，法務省のウェブサイトであげられている定義を紹介します。[*2]そこでは，ヘイトスピーチとは，特定の民族や国籍に属する人々を排斥する差別的言動として定義されています。その例として，①特定の民族や国籍の人々を，合理的な理由なく，一律に排除・排斥することをあおり立てるもの（「○○人は出て行け」「祖国へ帰れ」など），②特定の民族や国籍に属する人々に対して危害を加えるとするもの（「○○人は殺せ」「○○人は海に投げ込め」など），③特定の国や地域の出身である人を著しく見下すような内容のもの（特定の国の出身者を差別的な意味合いで昆虫や動物にたとえるものなど）があげられています。

＊2　法務省「ヘイトスピーチに焦点を当てた啓発活動」　http://www.moj.go.jp/JINKEN/jinken04_00108.html（2019年10月31日閲覧）。

　日本では，とりわけ在日外国人（とくに在日韓国人・在日朝鮮人・在日中国人），部落出身者，アイヌ民族について，長らく差別が行われてきましたので，そうした差別的言動にいかに対処するのかは重要な課題とされてきました。しかし，一般にヘイトスピーチが注目されるようになったのは，比較的最近のことです。その背景には，ヘイトスピーチの様子がインターネット上に投稿され，大きな影響力をもつようになったことがあります。2013年には，多数の在日韓国人が集住する大阪鶴橋駅周辺で，ヘイトスピーチを撒き散らす中学生少女の様子がインターネット上に投稿され，大きく報道されました。

▆ 3 　ヘイトスピーチ規制

　それでは，ヘイトスピーチに対しては，どのように対処すべきでしょうか。ヘイトスピーチは差別意識を助長し，人間の尊厳を傷つけますが，意見表明でもありますので，法律で規制することには消極的な見解も少なくありません。日本政府も，1995年に人種差別撤廃条約に加入した際に，人種差別の扇動に刑事処罰を求める第4条(a)(b)について，表現の自由を不当に萎縮させるおそれがあることを理由に留保を付しています。

　もっとも，ヘイトスピーチに対しては，現行の法律で対応することもできます。ヘイトスピーチが事実を摘示して名誉を毀損する場合には，刑法第230条の名誉毀損罪で，事実を摘示しない場合には，刑法第231条の侮辱罪で処罰することができますし，違法な加害行為を扇動する場合には，扇動罪を適用することもできます。

　しかし，扇動罪は，違法行為を扇動する表現行為について，実際に違法行為が発生しなくても，ただ扇動するだけで処罰しますので，表現の自由を過度に制約します。そのため，その適用が合憲となるためには，重大な違法行為の発生が切迫していることが必要となります（明白かつ現在の危険の基準）。

　さらに，侮辱罪の法定刑は，拘留または科料[*3]ですので，それほど重い罪ではありません。しかも，侮辱にせよ，名誉毀損にせよ，それらを処罰することができるのは，特定の個人または集団を対象とする場合に限られます。不特定多

数を対象とする場合には，明白な権利侵害が認められないからです。

　それゆえ，ヘイトスピーチが特定の個人または集団を対象とし，重大な加害行為の発生が切迫している場合を除き，現行の法律で対処することはできません。通常のヘイトスピーチは，こうした極端な形態は取りませんので，現行の法律はヘイトスピーチを野放しにしているといえます。

　もっとも，2016年には本邦外出身者に対する不当な差別的言動の解消に向けた取組の推進に関する法律（ヘイトスピーチ解消法）が制定されました。しかし，この法律は理念法であり，罰則が付されていませんので，その有効性には疑問が呈されています。

5　リベンジポルノ

1　性表現規制

　次にリベンジポルノについて検討します。はじめに，その前提として，性表現規制について概観しておきましょう。刑法第175条は，わいせつな文書・図画・電磁的記録に係る記録媒体などを，頒布したり，公然と陳列したり，有償で頒布する目的で所持したりする者は，2年以下の懲役もしくは250万円以下の罰金に処すると定めています。さらに，今日のインターネット社会に対応して，わいせつな電磁的記録などを頒布したり，有償で頒布する目的で保管したりする者にも同様の罰則を科しています。なお，ここでのわいせつとは，1957年3月13日のチャタレー事件最高裁判決によれば，いたずらに性欲を興奮または刺激し，普通人の正常な性的羞恥心を害し，善良な性的道義観念に反するものをいいます。

　さらに，1990年代には，女子高校生による援助交際が増加し，日本発の児童ポルノが国際的に問題とされる中で，1999年に児童買春，児童ポルノに係る行為等の処罰及び児童の保護等に関する法律が制定されました。しかし，その後

＊3　**拘留**：1日以上30日未満の範囲で刑事施設に拘置することで，刑務作業は課されない。
＊4　**科料**：1,000円以上1万円未満の金銭を徴収すること。

も問題が解決しなかったため2004年に改正され，さらに，インターネット上で
の児童ポルノの流通に対応するため2014年にも改正されました。現在では，**児
童買春，児童ポルノに係る行為等の規制及び処罰並びに児童の保護等に関する
法律**（児童ポルノ禁止法）という名称になっています。同法によれば，児童ポル
ノとは，写真，電磁的記録に係る記録媒体その他の物であって，次の①から③
のいずれかに掲げる児童の姿態を視覚により認識することができる方法で描写
したものをいいます（第2条第3項）。①児童を相手方とする，または児童によ
る，性交または性交類似行為に係る児童の姿態（同項第1号）。②他人が児童の
性器などを触る行為，または児童が他人の性器などを触る行為に係る児童の姿
態であって，性欲を興奮させ，または刺激するもの（同項第2号）。③衣服の全
部または一部を着けない児童の姿態であって，ことさらに児童の性的な部位が
露出または強調され，かつ，性欲を興奮させ，または刺激するもの（同項第3号）。

2　リベンジポルノとは

　リベンジポルノ規制も以上のような性表現規制を踏まえています。それでは，
リベンジポルノとは，どのようなものでしょうか。リベンジポルノとは，元配
偶者や元交際相手が，別れたことや振られたことを恨んで，相手方が望んでい
ないのに，その性的画像をインターネット上に公開することをいいます。こう
した行為は，表現の側面を有しますが，重大なプライバシー侵害を伴います。
被害を受ける相手方にとっては，私的な性的画像がインターネット上に公開さ
れ，一度拡散した画像は削除することが不可能となるからです。

　リベンジポルノが問題となった背景には，スマートフォンの普及により，と
くに青少年の間で，自身の性的画像を撮影し他の人と共有すること（セクスティ
ング）が広く行われるようになったことがあります。こうした問題は，とり
わけ2013年に起きた三鷹ストーカー殺人事件をきっかけに，社会的に注目され
ました。この事件では，三鷹市に住む女子高生が，元交際相手からストーカー
被害を受けたのち殺害されました。元交際相手は，殺害前後に，交際中に撮影
した女子高生の性的画像をインターネット上に投稿しています。

　リベンジポルノ防止法

　この事件を契機に，2014年に**私事性的画像記録の提供等による被害の防止に関する法律**（リベンジポルノ防止法）が制定されました。以下ではこの法律についてみてみましょう。

①私事性的画像記録

　リベンジポルノ防止法は，その正式名称から明らかなように，私事性的画像記録を処罰対象としています。それでは，私事性的画像記録とは，どのようなものでしょうか。同法によれば，私事性的画像記録とは，次の①から③のいずれかに掲げる人の姿態を撮影した画像に係る電磁的記録その他の記録をいいます（第2条第1項）。①性交または性交類似行為に係る人の姿態。②他人が人の性器など（性器，肛門または乳首）を触る行為，または人が他人の性器などを触る行為に係る人の姿態であって，性欲を興奮させ，または刺激するもの。③衣服の全部または一部を着けない人の姿態であって，ことさらに人の性的な部位（性器などもしくはその周辺部，臀部または胸部）が露出され，または強調されているものであり，かつ，性欲を興奮させ，または刺激するもの。

　もっとも，撮影された者が，第三者からの閲覧を認識したうえで，任意に撮影を承諾または撮影したものは，私事性的画像記録とはなりません（第2条第1項柱書括弧書）。本法は個人のプライバシーを保護しますが，この場合には私事性が認められないからです。アダルトビデオやグラビア写真は，第三者に公開することが承諾されていますので，私事性的画像記録にはあたりません。

②公表罪と公表目的提供罪

　それでは，本法は，どのような罰則を定めているのでしょうか。本法では，まず，公表罪として，私事性的画像記録について，第三者が撮影対象者を特定できる方法で，電気回線を通じて不特定または多数の者に提供した場合には，3年以下の懲役または50万円以下の罰金が定められています（第3条第1項）。また，同様の方法で，不特定または多数の者に提供し，または公然と陳列した場合にも，同一の罰則が定められています（同条第2項）。さらに，公表目的提供罪として，公表行為をさせる目的で，電気通信回線を通じて私事性的画像記

録または私事性的画像が記録された物を提供した者については，１年以下の懲役または30万円以下の罰金が定められています（同条第3項）。

③プロバイダ責任制限法の特例

さらに，本法では，**特定電気通信役務提供者の損害賠償責任の制限及び発信者情報の開示に関する法律**（プロバイダ責任制限法）の特例が設けられました（第4条）。

プロバイダ責任制限法では，プロバイダについて，情報の送信防止措置を講じたことで情報の発信者に損害が生じたとしても，つぎの２つの要件を満たす場合には，損害を賠償する責任は負わないとされています（第3条第2項）。①情報の送信防止措置が，情報が不特定の者に送信されることを防止するために必要な限度で行われたこと（第3条第2項柱書）。②情報の流通によって他人の権利が不当に侵害されていると信じるに足りる相当の理由があったこと（同項第1号），または，自己の権利を侵害されたとする者から，権利を侵害したとする情報，侵害されたとする権利，および権利が侵害されたとする理由を示して，送信防止措置を講ずるよう申出があり，プロバイダが，発信者に侵害情報を示して，送信防止措置を講ずることに同意するかを照会した場合で，発信者が照会を受けた日から7日以内に同意しない旨の申出を行わなかったこと（同項第2号）。

こうした条文が設けられたのは，プロバイダに対して，インターネット上の権利侵害に適切に対処することを可能にするためです。プロバイダは，情報の発信者に対して，情報を発信する債務を負っていますので，情報を削除した場合には，債務を履行しなかった責任を追及されるおそれがあります。しかし，この責任追及をおそれ，情報を削除しない場合には，権利を侵害する情報であっても，インターネット上に残されてしまうことになります。そのため，プロバイダの責任を追及する場合を制限することが必要とされました。

しかし，私事性的画像記録については，重大なプライバシー侵害を伴いますので，拡散を防止する必要性は一段と高くなっています。そのため，リベンジポルノ防止法は，私事性的画像記録に関する情報の送信防止措置については，同意照会の回答期間を7日から2日に短縮しています（第4条第3号）。また，

撮影された人が死亡している場合には，その配偶者，直系の親族または兄弟姉妹に対して，送信防止措置を申し出ることを認めています（第4条柱書）。

 まとめ ....

　表現の自由に関する問題は，表現に用いる手段の発展に応じて変化してきました。マスメディアの登場に伴い，表現を行う主体はマスメディアに独占されましたが，これに対抗するために知る権利が提唱されました。それに対して，インターネットの発達に伴い，一般の人々が表現を行うことが可能となりましたが，表現が他者に危害を加える場合も増加しています。たとえば，インターネットいじめは，名誉やプライバシーを強く侵害するおそれがあります。今日では，リベンジポルノ防止法が制定され，ヘイトスピーチ規制法が議論されていますが，インターネット社会において，表現の自由と他の権利をどのように調整するのかは，今後の重要な課題として残されています。

....

 さらに学びたい人のために

○小熊英二『社会を変えるには』講談社，2012年。

　マスメディアやインターネットが発達した今日でも，一般市民が街頭で意見を表明する重要性は失われていません。本書は，原発や安保に関するデモの意義について，社会学の観点からわかりやすく解説しています。

○松田浩『NHK ——危機に立つ公共放送（新版）』岩波書店，2014年。

　メディアと権力の関係を追求してきた著者が，NHK が市民の公共放送から国家の公共放送へと変質する過程を批判的に論じたものです。政治介入の問題だけでなく，NHK の存在意義や制度内容なども取り上げられています。

○師岡康子『ヘイト・スピーチとは何か』岩波書店，2013年。

　ヘイトスピーチ問題に長らく取り組んできた弁護士が執筆したものです。ヘイトスピーチ規制に関する論点について，日本での差別の実態を踏まえ，海外の立法事情も紹介しながら，深く詳細に論じています。

第 **8** 章

経済的自由権と社会権
── 「子どもの貧困」から考える ──

●　●　●　●　　学びのポイント　　●　●　●

- 自由権と社会権の違いを理解しよう。
- 「子どもの貧困」について，政府の役割を考えよう。
- 子どもにとっての「健康で文化的な最低限度の生活」を考えよう。

1．「人間らしい生活」を考えよう

　以下の表は，1960年頃に，生活保護を受けながら療養所に長期入所していた人が給付されていた，生活扶助費の金額と目安となる数量です。私たちが人間らしい生活を送るうえでは何が必要かを考え，この表の中では不足しているように思われるものを書き出してみよう。

朝日茂さんの生活扶助費のリスト

費　目	年間数量	月額（円）
肌　着	2年1着	16.66
パンツ	1枚	10
タオル	2本	11.66
下　駄	1足	5.83
歯ブラシ・歯磨き粉	各6本	各7.5
チリ紙	12束	20
ハガキ	24枚	10
鉛　筆	6本	5

出所：朝日訴訟記念事業実行委員会（編）『人間裁判──朝日茂の手記』
　　　大月書店，2004年，p. 61を一部改変。

【調べのヒント】
　現在の生活保護制度については，厚生労働省のウェブサイト（https://www.mhlw.go.jp/stf/seisakunitsuite/bunya/hukushi_kaigo/seikatsuhogo/seikatuhogo/index.html）も参考になります。

2．公的な手当て，どれくらいもらえるの？

　現代日本に生きる私たちが，生まれてから成人し，年老いてから死ぬまでの間に，医療費や教育費，年金などの公的な扶助や給付をどのくらい受けることになるのかを調べてみよう。

● 導　入 ● ● ● ● ● ● ● ● ● ● ●

　貧困問題は私たちの歴史において常に解決すべき国家的な課題とされてきましたが，子どもと貧困との関係がとくに関心を呼ぶようになったのは比較的最近，2000年代頃からです。今や 7 人に 1 人の子どもが貧困状態にあるといわれ，新聞やテレビでも「子どもの貧困」が大きく報じられています。貧困は，「お金がない」という経済的な困窮にとどまらず，適切な学習環境が整わない，部活動や旅行などによって得られるはずの体験ができない等，その影響は多面にわたります。憲法は第25条で「健康で文化的な最低限度の生活を営む権利」すなわち生存権を保障していますが，「子どもの貧困」問題について，憲法からはどのように考えることができるでしょうか。

. . . . . ● ● ● ●

1 「子どもの貧困」：その実態と対策について

1 「子どもの貧困」の「発見」

　子どもの貧困率[*1]を政府が初めて公表したのは2009年です。そのときすでに子どもの貧困率が14.2%（2007年度）に達していたことが明らかになり，社会に大きな衝撃を与えました。さらに2011年の調査ではその数値が15.7%にまで増大したこと，この四半世紀で約1.5倍に拡大していたことがわかりました[*2]。これは国際的にも高い数値です（OECD 加盟国20か国中ワースト 4 位）。

＊ 1　**子どもの貧困率**：17歳以下の子どものうち貧困世帯で暮らす子どもの割合。より具体的には，世帯所得を世帯人数分で調整し，その中央値の50%未満の世帯を「貧困」と定義し，子ども全体の中で何%の子どもが貧困世帯に属しているのかを測定したものを指す。

＊ 2　厚生労働省「平成22年度国民生活基礎調査の概要」2011年。なお，2015年度の子どもの貧困率は，13.9%となり，若干の改善は見られたが，依然高いままである（厚生労働省「平成28年度国民生活基礎調査の概要」2016年。）

2　貧困が子どもに与える影響

　従来，「子どもの貧困」はその家庭や親の問題であり，生活保護などの社会保障制度で対処できるとされてきました。また，「浮浪児」など特殊な例を除いて子どもは平均的な生活を送っているという考えが一般的で，「子どもの貧困」は社会問題と認識されてきませんでした。とりわけ親は自らが経済的に困窮していても，子どもにはできるだけそれを感じさせない配慮をします。したがって「子どもの貧困」は外見だけはわかりにくく，「隠れる」傾向にあったのです。

　しかし，2000年代頃から子どもと貧困の関係に注目が集まります。たとえば，全国に15歳以下の無保険の子どもが約3万人いること，また，大阪府内において小・中・高の学校から順に，およそ48％，33％，61％の割合で，「上の歯がほとんどない」などの「口腔崩壊」状態の児童・生徒がいることが明らかになりました。こうした子どもは経済的に余裕がない家庭であったことが報告されています。また，医療機関へのアクセスのほかに，給食がない夏休みに体重を減らす子どもや，経済的な理由から朝食を抜かざるを得ない子どもが数多くいることも明らかになります。健康面に加え，貧困世帯では子どもの就学率が低いこと，修学旅行に参加できない子どもが増えていることなど多くの問題が指摘され，報道などを通じ社会的関心が高まっていきました。

3　「子どもの貧困」への法的な対策

　このような事態を政府も問題視し，2013年6月19日に**子どもの貧困対策の推進に関する法律**（子どもの貧困対策法）が成立しました。

　同法は「子どもの将来がその生まれ育った環境によって左右されることのない社会」の実現を基本理念に据え（第2条），「子どもの貧困」対策を実施する

＊3　厚生労働省「資格証明書の発行に関する調査」2008年。
＊4　大阪府歯科保険医協会「子どもの口腔崩壊・未受診問題「見える化」プロジェクト──学校歯科治療調査の取り組み」2017年度調査結果。

表8-1 子供の貧困に関する指標

```
A. 生活保護世帯に属する子供の高等学校等進学率
B. 生活保護世帯に属する子供の高等学校等中退率
C. 生活保護世帯に属する子供の大学等進学率
D. 生活保護世帯に属する子供の就職率
E. 児童養護施設の子供の進学率及び就職率
F. ひとり親家庭の子供の就園率（保育所・幼稚園）
G. ひとり親家庭の子供の進学率及び就職率
H. スクールソーシャルワーカーの配置人数及びスク
   ールカウンセラーの配置率
I. 就学援助制度に関する周知状況
J. 日本学生支援機構の奨学金の貸与基準を満たす希
   望者のうち，奨学金の貸与を認められた者の割合
K. ひとり親家庭の親の就業率
L. 子供の貧困率
M. 子供がいる現役世帯のうち大人が一人の貧困率
```

出所：内閣府「子供の貧困対策に関する大綱——全ての
子供が夢と希望を持って成長していける社会の実
現を目指して」pp. 6-9。

ことが国の責務であるとします（第3条）。「子どもの貧困」を親の責任や家庭
の問題だと一蹴するのではなく，その対策を行うことが国家の責任であると公
言された点は， 2 の状況を踏まえると大きな前進だといえます。さらに，
本法に従い，2014年8月には，政府による「子供の貧困対策に関する大綱」が
発表されました。そして，表8-1のような「子供の貧困に関する指標」が設
定され，その改善に取り組むとされています。

4 「子ども食堂」について

2013年の法律に先立ち，「子どもの貧困」をめぐっては民間レベルでの取り
組みがなされていました。その最たる例の一つが「子ども食堂」です。「子ど
も食堂」とは，地域の大人が子どもや親子に無料または低額で食事の機会を提
供する，民間から始まった取り組みです。「食堂」とはいっても単に食べ物を
提供するだけではなく，放課後一人で過ごすことの多い子どもの居場所，友達
や大人と関係を構築する場など，多面的な機能をもっています。

2012年頃「子ども食堂」という名前でこのような活動が始まり，翌年までに全国で21か所開設されましたが，2016年5月末には319か所と急増。2018年1～3月の調査では2,200か所を超えたと報告されています。活性化の背景には，子どもの貧困率の公表，子どもの貧困対策法の成立などがあり得ます。お腹をすかせた子どもがいることを知って居ても立っても居られない，そのような地域の住民たちが自発的に活動を始め，メディアなどを介し多くの人に知れ渡ることとなりました。

5 「子どもの貧困」を憲法から考える視点

2013年の立法で「子どもの貧困」対策が国家プロジェクトとして公言されたことや，「子ども食堂」の活動により子どもが食を楽しみ，安心して過ごせる居場所が増えたことは大変重要なことです。

ところで，このような「子どもの貧困」をめぐる公的・私的な取り組みに対し，憲法の視点からはどのようなことがいえるのでしょうか。ここでは以下の2点を考えたいと思います。

まず，政府による「子どもの貧困」対策についてです。第25条はすべての国民に「健康で文化的な最低限度の生活」を権利として保障しています。 3 で確認した2013年の法律に基づいて設定された改善すべき「指標」は，憲法の要請にきちんと対応した中身になっているといえるでしょうか。これは子どもにとっての「健康で文化的な最低限度の生活」とは何であるか，そして「指標」がその内容に沿ったものになっているかという問いに関わります。

次に，民間の取り組みについてです。「子ども食堂」をはじめとする「子どもの貧困」に対する民間の支援は，主としてNPO法人や民間団体，住民有志などのアクターが，寄付や持ち出し，民間企業の助成金などを用いて行っているものです。「子ども食堂」には一定程度の自治体による支援（広報や財政的支

＊5 「子ども食堂」に明確な定義はない。本書では，NPO法人豊島子どもWAKUWAKUネットワーク（編）『子ども食堂をつくろう！——人がつながる地域の居場所づくり』明石書店，2016年を参考にした。

援）もありますが，それでもなお民間の力が大きな比重を占めています。他方，憲法は第25条の第2項で社会保障や社会福祉の向上を個人ではなく国家に命じ<ruby>ています<rt>・・</rt></ruby>。これを踏まえ，支援活動が「民間の善意」でなされていること，つまり国家が「後退」気味の状況は憲法学からどう評価されるでしょうか。

　以上の2点については，まず第25条を含む社会権について学習しなければなりません。また，これとの関連で経済的自由についても学びましょう。そのうえで「子どもの貧困」について改めて憲法から考えることにします。

2 社会権の思想と内容

▉1 社会権の思想(1)──「消極国家」

　憲法が明文で規定する権利のうち，**生存権**（第25条），**教育を受ける権利**（第26条），**勤労権**（第27条），**労働基本権**（第28条）の4つが**社会権**として分類されています。これら社会権はこれまで学習した精神的自由権とは性質上区別されていますが，一体，どのような点で両者は異なるのでしょうか。[*6]

　歴史的にみると，社会権は自由権より後に生み出された比較的「新しい」権利です。18世紀ヨーロッパの市民革命以後，保障される人権の内容は自由権が中心となりました。絶対王政や封建制から解放され「自由」となった市民にとって，自分たちの活動する領域に国家が介入することは望ましくありません。したがって，国家の役割は最低限の社会秩序の維持に限定されるべきであるという「**消極国家**」の考え方が主流でした。

　自由権はとりわけ経済的な領域への国家介入を排除する，経済的自由権を中心に構成されていました。市民たちの経済活動にはできるだけ規制を行わない，自由放任主義の経済政策が採用されたのです。また，経済活動によって獲得した財の保護も重要視され，財産権が絶対的な権利として強力に保障されます。

＊6　本章では社会権の中でも，とくに生存権を扱う。

社会権の思想(2)——「積極国家」

しかし，「消極国家」は深刻な問題を引き起こします。経済活動の活発化とともに労働環境の悪化，貧富の格差など，さまざまな社会問題が発生したのです。18世紀のフランス革命においては身分制が撤廃され，すべての者は「自由で平等」な存在となりました。このような建前にもかかわらず，現実には自由権は富める者にとってのみ価値あるものとなったのです。

この悲惨な状況を乗り越えるために「消極国家」という発想は見直しを迫られます。貧困や失業は「自由」の結果生じた自己責任ではなく，社会的な原因で生じるものだという発想が次第に定着したのです。こうして19世紀末，自由な経済活動によって生じた問題に対し，国家が積極的に規制・介入し，改善策を講じるべきであるという「**積極国家**」の考え方がうまれます。

３ 社会権の登場

国家が市民の活動領域へと介入し彼らの面倒をみるにあたり，これが国家の気まぐれであってはなりません。社会問題への介入は国家の義務であり，これを請求するのは憲法上の権利であると考えられました。国家に対し社会的・経済的弱者への積極的な配慮を求める権利を，自由権と区別して社会権と呼びます。20世紀以降，社会権は新たな人権カタログの一つとして多くの憲法に規定されることとなりました。社会権の登場，および国家観の変容は，人権の歴史にとって大きな転換であったといえるでしょう。

3 経済的自由について

１ 社会権と経済的自由

職業選択の自由，居住・移転の自由，財産権などの総称を**経済的自由**といいます。市民革命後，財産権に対しては「神聖かつ不可侵の権利」（フランス人権

宣言第17条）という性格が与えられ，とくに手厚く保護されていました。しかし，この考え方は現代に覆り，社会権を保障するために経済活動は一定程度規制すべきものとされ，財産権も絶対不可侵の権利ではなくなります。社会権と経済的自由は表裏の関係にあるといえるでしょう。日本国憲法もこのような現代的な考え方に立脚し，経済的自由への規制を予定しています。

2　職業選択の自由

　憲法第22条第 1 項は**職業選択の自由**を保障しています。職を自由に選ぶことはあなたにとって当たり前かもしれませんが，当たり前の自由も，憲法上の権利として保障されているからこそ享受し得るものなのです。

　職業選択の自由が権利として保障される理由として，職業が人間の人格を形成するうえで欠かせないものであるという考え方があります。1975年 4 月30日の**薬事法事件最高裁判決**（詳細は後述）によれば，職業は生計維持のための活動であると同時に，「個人の人格的価値とも不可分」な関係にあると述べています。憲法は職業を通じた生計維持と人格形成を権利として保障しているのです。

　なお，職業選択の自由は単に就職先を選ぶ自由につきるものではありません。商売や事業の開始・中断の自由のほか，自己の選択した職業を遂行する自由（営業の自由）が含まれます。選ぶ自由があったとしても自分なりの進め方が自由として保障されていなければ無意味だからです。

3　経済的自由への規制

　ただし，冒頭で確認したように経済的自由は無制限ではありません。これは憲法自身が認めており，経済的自由に関する条文（第22条，第29条）には「公共の福祉」という制約が明文で規定されているのです。

　制限の例として，たとえば，あなたが美容師を目指す場合，美容専門学校に通い，国家試験を受験しなければなりません。友人の髪を切ってあげるという

だけなら問題ありませんが，職業として活動する場合にはこうしたハードルがあります。あるいは，教師になりたい場合には憲法を含む多くの科目を履修し，教員免許状を獲得しなければなりません。

このように好きな職に就く自由を含む憲法上の経済的自由については法律（上記の例では美容師法や教育職員免許法）などでの規制が想定されています。

4 どのような規制が考えられるか？

経済的自由への規制については，生命や健康に危険が及ぶ行為から人々を守るための規制（**消極目的規制**）と，経済的・社会的弱者の保護や経済発展の調和をはかるための規制（**積極目的規制**）の2つに大別できます。

前者は，たとえば，医師になることを希望したすべての人にメスを握らせるわけにはいきません。医学部への進学，医師国家試験の合格と，多くのハードルがあります。こうした規制を設けることで専門的な知識・スキルを獲得した人に医師を限定し，私たちの安全を守るのです。後者は，規模が小さく競争力のないお店が駆逐されてしまわぬよう，競争力の強いお店の出店地域を規制する場合などが例としてあげられます。

5 経済的自由に関する裁判例

私たちの経済的自由を制約している（とみなされる）法律が憲法違反か否かを判断する際，裁判所は規制の目的を考慮します。

2 で登場した1975年薬事法事件を例にとってみましょう。薬局の開設という職業上の自由に対し，かつて薬事法という法律が距離制限を設けていました。つまり，新規に薬局を始めるには，すでにある薬局から一定距離をとらねばならないという規制があったのです。なお，距離の具体的な数字については各都道府県の決定に委ねられていました（この事件では100m以上でした）。本件はこの適正配置（距離制限）が憲法第22条第1項に違反するとして争われました。

裁判所はこの問題に以下の通りに応えました。まず，薬局開設の距離制限は，

以下のような事態を防ぐための消極目的規制だとします。薬局が乱立することで，競争が激化し，経営が不安定化する。そうすると，悪質な薬が出回るため，人々の生命や健康に危険が生じる，と考えるのです。そのうえで，この想定は「確実な根拠に基づく合理的な判断とは言えない」として認めず，距離制限を憲法違反と判断したのです。

6　財産権

憲法第29条第1項は「財産権は，これを侵してはならない」と規定し，財産権を憲法上の権利として保障しています。しかし，続く第2項で「財産権の内容は，公共の福祉に適合するやうに，法律で」定めるとしています。つまり，財産権は「絶対不可侵」な性格ではなく，第22条と同様，「積極国家」の観点からの規制を憲法自身が想定しているのです。なお，財産権への規制も「消極目的」と「積極目的」に大別され，ある財産権規制立法が違憲か否かを判断する際にはこの規制の目的がやはり考慮されます。

4　「健康で文化的な最低限度の生活」について

1　生存権の性格──その難しさ

生存権は，私たちの生存または生活に必要な諸条件の確保を国家に対して請求する権利であると理解されています。この憲法上の権利が制定されたことに伴い，社会福祉に関係する法律（児童福祉法や旧生活保護法など）が戦後に整備され，各種の**社会保障制度**が構築されたのです。

しかしながら，生存権の権利としての性格は決して自明の内容をもっていません。つまり，一体国がどのような政策を実施したらある人の「健康で文化的な最低限度の生活が保障されている」ということができ，また，いかなる状況で生存権が保障されていないと主張し，請求することが可能なのでしょうか。

2 　生存権の法的性格

　生存権の法的性格をめぐる憲法学説は以下のような流れがあります。

　戦後初期に唱えられたのは**プログラム規定説**です。憲法25条は国家の努力目標を定めたスローガンのようなもので，法的な権利とはみなされないとしました。しかし，「生存権」と言いながら「権利ではない」とすることには多くの批判がありました。

　たしかに生存権の内容は抽象的だが，第25条を具体化する法律（生活保護法など）があれば，これに基づいて裁判所の救済を受けることができるという**抽象的権利説**が続いて登場します。もっとも，裏を返せば生存権を具体化する法律が制定されていなければ裁判所の救済を得られないため，プログラム規定説と大差はないのではないか，という問題点があります。

　そこで，生存権を具体化する法律が制定されていないこと，それ自体が違憲であると裁判所に対して主張できるという**具体的権利説**が提唱されました。なお，比較的最近では，「文字通りの意味における具体的権利説」が有力に主張されています。何が「健康で文化的な最低限度の生活」であるか客観的に確定することは可能であり，これを明らかに下回る水準であれば第25条に基づき金銭給付を直接請求できるという考え方です。

3 　生存権をめぐる裁判例

　次に，生存権に関する裁判例の代表的なものとして，1967年5月24日の**朝日訴訟最高裁判決**を学びましょう。

　原告の朝日茂さんは結核のため生活保護を受給しながら療養所で生活しており，当時の厚生大臣によって，生活費は月600円と定められていました。なお，当時の大卒初任給（月給）は，1万2,000円ほどでした。朝日さんはこの基準では健康で文化的な生活を維持できず，政府が定めるこの基準は憲法違反だと主張し，裁判所に提訴しました（当時支給されていた生活扶助費の一部は WORK の表も参照してください）。

　第1審（1960年10月19日東京地裁）では，「いわゆるボーダー・ラインに位する人々」の生活実態を基準として生存権の内容を定めるべきではないとし，原告の主張を認めました。これに対し，第2審（1963年11月4日東京高裁）は，保護基準決定について厚生大臣の裁量が自由裁量ではなく司法審査の対象となるとしつつも，結論では国の側に軍配をあげました。そして，最高裁は原告死亡で裁判が終了したとしつつ（朝日さんは訴訟の途中で亡くなってしまいました），「なお，念のため」として以下の通り判断します。「『健康で文化的な最低限度の生活』は抽象的であり，その具体的な中身は多数の不確定な要素を総合的に考慮し決定できるもの。そのため，その中身の決定は厚生大臣に委ねられている。つまり，生存権をどのように実現するかについて裁判所は基本的に口を出せず，立法府や厚生省（現・厚生労働省）という政治部門に任せるべきだ」としたのです。

4　裁判所の考え方

　生存権が「抽象的」であるために政府に対して大幅な裁量が認められるという朝日訴訟における裁判所の態度は，基本的にこの後も継承されます。

　たとえば，障害年金と児童福祉手当の併給禁止が憲法第25条に違反すると主張して争われた1982年7月7日の**堀木訴訟最高裁判決**では，やはり「健康で文化的な最低限度の生活」が「きわめて抽象的・相対的な概念」であり，具体的な立法に際しては「国の財政事情を無視することができず……高度に専門技術的な考察と……政策的判断を必要とする」ため，その決定は立法府に委ねられ，裁判所が判断するには適しないとし，原告の主張は退けられました。

5　生存権は「抽象的」，だから「無力」なのか？

　学説や判例の蓄積はあるものの，一体何が「健康で文化的な最低限度の生活」であるのかについては明確な回答は出せていません。たしかにこの問題は憲法学からだけで応答するのは難しく，多くの専門分野を横断した複眼的な視

点が求められます。

　しかし、少なくとも憲法学からは以下のように問題提起ができそうです。生存権が「抽象的」でありその具体化において政治部門への裁量があるといっても、憲法の最高法規性（第98条）を考慮すれば、無制限にその裁量が許容されるはずがありません。憲法の条文が「抽象的」であるのは最高法規である以上、当然です。その「抽象性」ゆえに最高規範である憲法の保障する権利が国家の政治的事情によって実現できない、または政府の裁量にすべて委ねられるとするのは、憲法の性格をあまりにも軽視しているのではないでしょうか。

　朝日訴訟の第1審判決では「健康で文化的な」生活について「国民が単に辛うじて生物としての生存を維持できるという程度のものであるはずはなく、必ずや国民に『人間に値する生存』あるいは『人間としての生活』といい得るものを可能ならしめるような程度のものでなければならない」とし、「特定の国における特定の時点においては一応客観的に決定すべきもの」としています。こうして生存権を具体的に観念できる権利としたうえで、当時の時代状況に応じた日用品を具体的にあげて原告の生活実態を詳細に検討し、大臣の処分では保障されるべき「健康で文化的な生活水準」を維持できないと結論しました。

　生存権は文言としては抽象的かもしれませんが、憲法上の権利である以上、一定程度客観的な基準として抽出し、これを請求する者の権利侵害状況、生活実態を正確に認識して判断する必要があります。国民の置かれた生活実態を等閑視し、国家の財政的、政治的な都合を理由に権利の中身を問わないことは、憲法論としては本末転倒であるといえるでしょう。

６　子どもにとっての「健康で文化的な最低限度の生活」を考える

　ここで「子どもの貧困」問題に立ち返ります。子どもに権利として保障されるべき「健康で文化的な最低限度の生活」とは、一体いかなる生活でしょうか。

　朝日訴訟の第1審判決も述べている通り、子どもを含むすべての人間はただ生きていければいい存在ではありません。個人として幸福を追求する権利が保障され（第13条）、国家にはこれを下支えする義務があります。衣食住や医療機

関など生活の基礎的条件へのアクセス確保はいうまでもなく，学校行事に参加すること，家と学校以外で人間関係を構築する機会を得られること，身近に自分のことを親身に考えてくれる人がいることなど，子どもが自らの人格を形成する場は多岐にわたり，かつ決定的に重要な「必需品」だといえます。「健康で文化的な」生活とはこのような「必需品」の確保も含み得るのではないでしょうか。

　子どもにとっての生存権を上記のように捉えるとすれば，まず，政府が立法に基づいて設定した「指標」は不徹底と評価され得ます。子どもの置かれた具体的な状況を考慮しているか疑問が残るからです。つまり，指標の中身は教育や就業への配慮に傾いており，貧困世帯に属する子どもの日常生活の改善，身体的・精神的な健康に関する視点がやや希薄です。進学や就業の公的支援は間違いなく重要ですが，幼い頃から健康や日常生活に困難を抱えていてはこれらは依然として乗り越え難い「壁」だといえます。精神的サポートや社会的スキルのないままに進学・就学し，周囲から取り残される，または「脱退」する可能性も考えられます。なお，2013年「子どもの貧困対策法」の野党案には「全ての子ども等に……健康で文化的な生活及び教育を受ける機会を保障する」ことが基本理念に掲げられていました。現行法と異なり子どもの生活環境にも配慮すべきだという考えを基本に据えているのです。

　次に，子どもの生活環境の改善が「市民の善意」でなされていることは社会権という性質から考えると，当然のこととはいえません。国家が予算を割き，主体的にこれに取り組む義務があると観念できます。ただし，「子ども食堂」については子どもに近い存在の「地域の住民」だからこそ発揮できる大きな力があったとも考えられます。爆発的な広がりは政府主体であったら不可能であったでしょうし，むしろ行政が関わることである種のやりづらさが生じる可能性もあります。住民の取り組みをベースにしつつ，大人の都合で突如閉鎖に追い込まれることのないよう，円滑・継続的に発展する，そのための人的・経済的な下支えを政府が行うこと，これは憲法上の要請であると考えられます。

まとめ ・・・

　生存権は「抽象的な権利」だとされますが，憲法上の権利である以上無視してよいはずなく，むしろ国家が実施する政策の指針となります。「子どもの貧困」に関してはこれを社会全体の問題として捉え，国家の「後退」に疑問符を付すことが必要です。憲法が保障する基本的人権は「人類の多年にわたる自由獲得の努力の成果であつて……過去幾多の試練に堪へ」てきたもの（第97条）とされていますが，生存権が今まさに直面する「試練」の一つは「子どもの貧困」なのではないでしょうか。子どもの置かれた状況・実態を見極め，指針となるべき生存権の内容をその本質的改善に資するものへと発展させていく努力が求められているのです。

・・

 さらに学びたい人のために

○柏木ハルコ『健康で文化的な最低限度の生活』小学館，2014年から続刊。

　2014年から刊行されている漫画で，2018年にはドラマ化されました。主人公が新卒で生活保護のケースワーカーに就き，生活保護という制度と多くの生活困窮者に向き合います。日本社会におけるさまざまな貧困形態を描き出し，本当に必要な社会的支援が何であるかを読者に問いかけます。

○松本伊智朗ほか（編著）『子どもの貧困ハンドブック』かもがわ出版，2016年。

　「子どもの貧困」について基本的な知識やデータ，研究者らの報告が紹介されています。子どもの貧困対策基本法も詳しく分析されており，同法の問題点を実証的に指摘している点も特徴的です。

○鳥居喜代和『憲法的価値の創造――生存権を中心として』日本評論社，2009年。

　日本「福祉国家」における憲法上の経済的自由，財産権，そして生存権の位置付けを理論的に明らかにする一冊です。とくに生存権と平等権に関する具体的事例には独自の解釈論，憲法学的分析が展開されています。

第 9 章

教育を受ける権利
——教育はどこまで「無償」なのか?——

● ● ● 学びのポイント ● ● ●

- 学習権とは何かを考えてみよう。
- 義務教育について考えてみよう。
- 学校以外の学びの場について考えてみよう。

WORK 義務教育って何？

① 義務教育として，小学校では6年間，中学校では3年間，学ばなければなりません。このことは，日本国憲法，教育基本法，学校教育法のどこに書いてあるでしょうか。調べてみよう。

② 義務教育は無償ですが，本当に無償だったでしょうか。小学校，中学校で学ぶにあたって，購入した物，必要だった物を思い出して書き込んでみよう。

③ 学校教育法第1条に記載されている「学校」，いわゆる1条校を調べてみよう。1条校以外の学校には，どんな学校があるでしょうか。それぞれ書き込んでみよう。

● 導 入 ● ● ● ● ● ● ● ●

　皆さんは，夏休みが終わる8月末に，憂鬱な気持ちにならなかったでしょうか。もし学校がなくなったら……と。そもそもなぜ学校に行かなければならないのでしょうか。日本では，小学校，中学校と，9年間は学校に通わなければなりません。

　ここでは，学び，そしてその支援について，さまざまな観点から考えてみましょう。

● ● ● ● ● ● ● ● ●

1 　学習権：教育を受ける権利

　憲法第26条第1項には，社会権の一つとして，教育を受ける権利が保障されています。小学校や中学校にイヤイヤながら通っていた人からすれば，「権利」ではなく，「義務」と感じられたかもしれませんが，あくまで「権利」として保障されています。

　教育は「受ける」ものではなく，本来，自ら主体的に学ぶことをその本質としています。そこで憲法学では，教育を受ける権利を「**学習権**」と言い換えています。1976年の旭川学力テスト事件判決でも，「国民各自が，一個の人間として，また，一市民として，成長，発達し，自己の人格を完成，実現するために必要な学習をする固有の権利を有する」とされています。この権利は，義務教育で学んでいる子どもたちだけではなく，生涯学習などで学ぶ大人にも当然保障されています。

　同じく憲法第26条第1項では「能力に応じて，ひとしく」教育を受ける権利が保障されています。文字通り読むと，能力主義，すなわち知能，学力，体力によって，子どもたちを選別してもいいように読めますが，そうではありません。理解が遅い子どもも，障害を抱えた子どもも，それぞれの能力発達の仕方に応じた教育ができる限り行われることが求められています。

　他方，「ひとしく」といっても，大学入試を廃止して，希望する生徒はすべて東京大学に入学させよと命じているわけでもありません。小学校の算数，中

学校の数学や英語での習熟度別クラスも禁止されていません。

　ところで，学習権があるといっても，中学校卒業後，高校に進学するには，入試に合格する必要があります。しかし，高校進学率が99％近いことからすれば，高校は義務教育に近く，進学を希望する生徒はすべてどこかの高校に入学できるような体制の整備が，憲法第26条第1項からは求められているでしょう。

　もっとも進学する高校はどこでもよいというわけにはいかないというのがホンネでしょうか。高校は学力別に序列化しているのが現実であり，公立高校も公立中学校とは異なり，家の近くの高校に必ず進学できるとは限りません。

　以前，公立高校入試で総合選抜という制度が採用されていた都道府県があります。通常，高校入試といえば，希望する高校を受験するわけですが，総合選抜は受験者の希望，学力，居住地（通学時間）などによって合格者を学区にある各高校に振り分け，各高校のレベルを平準化する制度です。ある意味，公立中学校の高校版であり，「ひとしく」教育を受ける権利の実現を目指した制度ともいえるでしょう。しかしながら，高校を選ぶ自由は制限されることになります。結果として，私立高校が台頭した東京などの例もありました。

　高校入試や大学入試のあり方は，記述式を採用するか，リスニングを実施するかのテストの方法も含めなかなか難しい問題で，憲法からすぐに答えの出る問題ではありません。

2 義務教育：教育を受けさせる義務

1 義務教育とその現実

　本書で学んでいる人たちの多くは，教員を目指していると思いますが，教員になりたいということは，学校にはやはりよい思い出があるのではないでしょうか。

　しかし，世の中には，学校が嫌いな子もいます。

　長谷川義史さんの『ようちえんいやや』という絵本に，次のような場面があります。[*1]

　　まなちゃんが　ないている

　　きょうも　ふとんのなかで　ないている

　　「ようちえん　いくの　いやや

　　　ようちえん　いくの　いやや

　　　ようちえん　いくの　いややー」

　どうしてまなちゃんは，朝，布団の中で泣いているのでしょうか。

　「いちごが　すきなのに　ももぐみやから　いややー」だそうです。

　こんなことでと思うかもしれませんが，嫌なものは嫌なのです。

　幼稚園は必ず通わなければいけないわけではありませんが，小学校や中学校になると，嫌だからといって，行かないわけにはいきません。それはなぜかというと，**義務教育**だからです。憲法第26条第 2 項は，「すべて国民は，法律の定めるところにより，その保護する子女に普通教育を受けさせる義務を負ふ」と定めており，教育基本法第 5 条第 1 項も「国民は，その保護する子に，別に法律で定めるところにより，普通教育を受けさせる義務を負う」としています。つまり，義務教育というのは，子どもが「教育を受ける義務」ではなく，保護者に対して「教育を受けさせる義務」を課しているのです。

　これらを受けて，学校教育法第17条は，「保護者は，子の満 6 歳に達した日の翌日以後における最初の学年の初めから，満12歳に達した日の属する学年の終わりまで，これを小学校，義務教育学校の前期課程又は特別支援学校の小学部に就学させる義務を負う」と定めています。そして小学校・中学校の義務教育の間は，学校に子どもを通わせないと，保護者が10万円以下の罰金に処せられることがあります。

　もっとも2019年の文部科学省のデータ[2]によれば，不登校の子どもたちは小学校で 4 万5,000人，中学校で12万人おり，これが義務教育の現実の姿です。この中には，不登校の子どもたち向けの民間フリースクールなどのオルタナティ

＊1　長谷川義史『ようちえんいやや』童心社，2012年。

＊2　文部科学省「平成30年度　児童生徒の問題行動・不登校等生徒指導上の諸課題に関する調査結果について」。

図9-1　道路標識例

ブな教育を受けている子どもたちも含まれています。確かに憲法第26条第2項の「普通教育を受けさせる義務」は，小学校，中学校への就学義務を前提としているとされていますが，教育の現実を踏まえると，普通教育にはオルタナティブな教育も含めて考えてもよいのではないでしょうか。[*3]

2　なぜ義務教育か

　義務教育に色々と問題があるのならば，いっそのこと，義務教育を廃止し，自由登校にすればいいのではないかとも考えられます。しかし，貧しい家庭の子どもたちの場合，親から家事や子育てを手伝ってほしいと懇願されたり，農業などの家業の労働力として駆り出されることもあります。これらは発展途上国で問題となっており，世界では，学校に行けない子どもが約1億2,400万人いるとされています。

　小学校や中学校の義務教育では，読み・書き・計算といった，生きていくうえで最低限の知識を教授します。もし字が読めなかったら，どうなるでしょうか。皆さんは，図9-1の道路標識の意味を理解できると思いますが，字を読めない人は，この標識の前で止まることはできないのです。

　ところで，日本には，外国籍の子どもたちもいます。2019年の文部科学省の調査では，12万4,000人ほどいるとされています。憲法第26条第2項の主語が「すべて国民」となっていることもあり，外国籍の親にはその子どもに対する就学義務が課せられていません。それゆえ，16％に当たる2万人ほどが，国公私立校や外国人学校などに在籍していない不就学といわれています。この中には，親たちが不法滞在のため，通わせていないというだけではなく，子どもたちが日本の学校になじめなかったり，学校でいじめられたり，日本語が十分に理解できなかったりすることが原因の場合もあります。外国人の子どもたちの

＊3　フリースクールに通っている子どもたちは，もともと通っていた学校に籍を置いたまま通っており（校長の判断で出席扱いになっている），「卒業」ももとの学校で認定されている。

親にも就学義務を課すべきか，このような子どもたちをどう支援するかが問題
になっています。

3 義務教育の無償

憲法第26条第2項は，「義務教育は，これを無償とする」と書いてあります。
つまり，小中学校は無償なのです。しかし，小中学校は果たしてすべて無償だ
ったでしょうか。

小学校5年生で家庭科が始まるとき，裁縫セットを購入したでしょう。これ
は無料で支給されるわけではなく，購入しなければなりません。また，ドリル，
文房具，カバン，制服なども購入しなければなりませんし，修学旅行費，クラ
ブ活動費，給食費もかかります。

それでは，無償の範囲は，一体，どこまででしょうか。この点，授業料だけ
が無料という**授業料無償説**があります。しかし，授業料だけでは，それ以外に
かかる費用は家庭の負担となり，家庭の経済力の格差が学校に表れることにな
ります。

これに対して唱えられているのが，学校でかかるお金すべてが無料という**就
学費無償説**です。しかし，この説によると，就学費を十分に賄える裕福な層も
無償措置の恩恵に与（あずか）れることになり，場合によっては浮いたお金で，子ども
を塾などに通わせ，別な意味での格差が広がる可能性もあります。

この点，最高裁は，1964年2月26日の判決で，無償は国公立学校の授業料に
限られるとしています。教科書も無償になっていますが，これは義務教育諸学
校の教科用図書の無償措置に関する法律によって無償となっています。

実際の学校現場では，就学援助制度があり，学用品費，通学用品費，修学旅
行費などが自治体により援助がなされています。しかし自治体ごとに基準が異
なったり，就学援助制度があることの周知が不十分であるなどの問題点があり
ます。

4 学校以外の学校

「学校」の定義とは何でしょうか。「パチンコ大学」というパチンコ屋さんがありますが，これは「学校」ではありません。また日能研，サピックス，浜学園などの中学受験の塾は学校で学ぶことと同じような内容を学びますが，「学校」ではありません。

では「学校」とは何かというと，きわめて単純で，学校教育法の第1条に定められているものが学校なのです。同条では「この法律で，学校とは，幼稚園，小学校，中学校，義務教育学校[*4]，高等学校，中等教育学校[*5]，特別支援学校，大学及び高等専門学校とする」と定められています。これらを1条校と呼んでいます。

もちろん，これ以外にも学校は存在します。たとえば英語で授業を行うインターナショナルスクールです。また朝鮮学校やブラジル人学校などの外国人学校も，1条校ではありません。さらに独自の教育理念に基づいて教育を実施している学校も，1条校とは認められていませんし[*6]，不登校の子どもたちが通うようなフリースクールもそうです。日本では少ないですが，在宅で学習するホームスクーリングももちろん1条校ではありません。

1条校ではない学校では，教育内容が学習指導要領に基づかなくてもよいという自由はあります[*7]。しかし，1条校でないがゆえのさまざまな不利益があります。たとえば朝鮮学校の高等部（1条校以外の学校）を卒業しても，国立大学（1条校）を受験する際，通常の願書を出すだけでは出願できません。目指す大学で事前に行われる入学資格審査を経ないと，そもそも出願できないのです。財政の面でも，1条校以外の学校では，1条校の私立学校が受けているような

---

* 4　**義務教育学校**：小中一貫校で，東京都の品川区や茨城県のつくば市などに設置されている。
* 5　**中等教育学校**：公立の中高一貫校は主としてこの形態で，私立は中高併設の形態が多い。
* 6　シュタイナー教育を実践する神奈川県相模原市のシュタイナー学園は，構造改革特区制度により，例外的に学習指導要領の弾力化が認められ，1条校として認定されている。
* 7　幼保連携型認定こども園については，1条校ではないが，内閣府・文部科学省・厚生労働省の告示である「幼保連携型認定こども園教育・保育要領」に基づく必要がある。

補助金は支給されません。過去には，このような多様な教育を1条校の教育と同等に認め，補助金も支給しようとする法律が検討されたことがありますが，実現に至っていません。このような生徒たちにも学習権があるはずであり，将来的には多様な学びの場を国で支援する必要があるでしょう。

 まとめ ・・

　私たちには学習権があり，生涯を通じて学び，成長・発達することができます。とりわけ小学校と中学校の6年間は義務教育ですが，義務教育は無償で学ぶことができます。もっとも憲法上，無償は授業料だけと解釈されており，教科書は法律によって無償の対象となっています。

　学びは，1条校の学校だけではありません。多様性の時代，フリースクールなどの多様な学びを国も支援する必要があるでしょう。
・・

 さらに学びたい人のために

○姉崎洋一ほか（編）『ガイドブック教育法（新訂版）』三省堂，2015年。

　　本章で学んだ憲法第26条の「教育を受ける権利」を具体化する法律として，教育基本法，学校教育法などの重要な法律があります。また学校の制度をめぐっては，さまざまな争点があります。本章での学びを深めるためにも，また教員採用試験には教育法（教育法規）も出題されますので，ぜひ目を通してみてほしいです。

○広田照幸『教育改革のやめ方――考える教師，頼れる行政のための視点』岩波書店，2019年。

　　新しい学習指導要領の登場，教育委員会制度の改革，保護者・地域の学校参加制度，教員の資質・能力向上政策などの最近の教育改革を批判的に検討しています。文部科学省や教育委員会が進める教育改革は，一見すると，将来を見据えて，よりよい方向に向かっているかのように思えますが，実際はそうではないこともあります。本書を通じて，複眼的なまなざしをもってほしいところです。

コラム①
教育の無償化

　第9章でも学んだように，憲法第26条第2項は，義務教育を無償としています。現在の日本では，小学校の6年間と中学校の3年間は，公立学校に通う場合は，授業料は無償，タダです。それでは，義務教育期間の前と後の段階の学校の授業料の負担は，どのようになっているのでしょうか。

　現在の日本では，高校への進学率は98％を超えています。卒業後に大学などに進学し，勉強を継続するにせよ，就職して「社会人」になるにせよ，自己の望む人生を実現し，民主主義社会の構成員，市場経済の担い手となるためには，高校での充実した学習の機会は，不可欠なものと言えそうです。

　高校は，「高等学校等就学支援金の支給に関する法律」などに基づいて，段階的に無償化が進められています。具体的には，公立高校の授業料に相当する金額を，都道府県への交付を経由して，国が，学校設置者（市町村や学校法人など）に支出する仕組みが採用されています。地方公共団体の中には，私立高校の授業料相当分を支給するところもあります（2020年4月からは，国の制度でも，私立高校に通う生徒への支援金の上限が引き上げ）。

　大学の授業料は，近年，私立だけではなく，国立でも値上げが進んでいます。大学生のための給付型奨学金の導入も始まりましたが，厳しい条件があり，限定的なものにとどまっています。

　小学校に入る前は，どうでしょうか。学校教育法の「1条校」である幼稚園には，学習指導要領に対応する，幼稚園教育要領もあります。厚生労働省が所管する児童福祉施設である保育所（保育園）でも，養護と一体での教育が行われています。2006年以降は，幼稚園と保育所，子育て支援の機能を兼ね備えた，認定こども園も登場しました。この三者の関係は複雑なものですが，小学校低学年での学習のつまずき，いわゆる「小1プロブレム」が指摘されるなど，就学前教育（幼児教育）が重要なことは疑いようもありません。

　2019年10月から，幼児教育の無償化が進みました（幼保無償化）。幼稚園や保育所，こども園などの「子ども・子育て支援施設等」に通う3歳から5歳の子どもの利用料が，「子育てのための施設等利用給付」によって，無料となります。住民税非課税世帯では，0歳から2歳までの間も無料です。

　幼保無償化には，高校無償化や大学生のための給付型奨学金と違い，収入要件が課されていません。もともと，利用料は世帯の年収などに応じて，かなりの幅がありました。一律の無償化は，高所得層により有利な，不平等な仕組みなのではないか，という批判があります。また，利用料の無償化だけが先行し，肝心な教育の充実が置き去りにされているのではないか，という懸念もあります。

第 10 章

国会と内閣
──18歳が「大人」になるまで──

- 主権者である国民は自分たちの代表者を選ぶためにどんな権利をもっているのか理解しよう。
- 国民の代表者が集まる国会はどんな仕事をしているのかを理解しよう。
- 内閣のリーダーである内閣総理大臣はどうやって選ばれるのか，内閣は国会とどんな関係にあるのかを理解しよう。
- 内閣はどんな組織でどんな仕事をしているのか，理解しよう。

選挙が公正に行われるためには

1．日本の選挙制度の歴史を調べよう

　日本の選挙制度の歴史をインターネットや図書館を使って調べ，有権者の資格や数，人口に占める割合，当時の出来事を，以下の表にまとめてみよう。また，それぞれの時代でなぜこうした違いがあるのか考えてみよう。

年　代 （主な出来事）	有権者の資格	有権者数	全人口に 占める割合
1890年頃 （明治憲法発布）			
1925年頃 （　　　　　　）			
1947年頃 （　　　　　　）			
現　代 （　　　　　　）	18歳以上の男女	約1億人	8割以上

2．「ゲリマンダー」とは何だろう

　なぜ，下の風刺画のような，不自然な，怪獣のような形の選挙区が作られることがあるのでしょうか。「ゲリマンダー」という言葉の意味を調べたうえで，グループで意見を出し合って考えてみよう。

● 導　入 ● ● ● ● ● ● ● ● ●

　2015年に公職選挙法が改正され，選挙権年齢が18歳に引き下げられたため，皆さんも主権者として自分たちの代表者を選ぶことができます。現在の日本では少子高齢化が進行していることもあり，今まで以上に若者が積極的に政治へ参加することが求められているのです。この動きと歩調を合わせて，2022年4月1日からは，民法の成年年齢も18歳に引き下げられることになっています（民法第4条）。現在では18〜19歳の人の就労実態が高いことなどから，市民生活のルールを定める民法においても一人前の大人として扱うべきだと考えられるようになっているのです。それでは，一人前の大人として，皆さんはどうやって代表者を選ぶことができるのでしょうか？　そして，皆さんが選んだ代表者は何をしているのでしょうか？

● ● ● ● ● ● ● ● ●

1 国民主権と参政権

1　国民主権とは何か

　日本国憲法は，国民に主権があることを謳っています（前文第1段，第1条）。この**国民主権**によって次の2つのことを説明できます。まず，国家権力が行使されることがなぜ正しいのかというと，それは国家権力の背景には必ず国民がいるからだということです。さらに，国民に主権があることで国民自身が政治に参加し，政治のあり方について決定することを通して権力を行使することもできます。このうち，2つめの説明についてみてみると，国民が政治に参加することが必要になります。しかし，実際には国民があらゆる場面で直接政治に参加し，決定することはできません。そこで憲法は，国民が全国民の代表を選挙で選ぶという仕組みを採用しています（前文第1段，第15条，第43条，第44条）。これを**間接民主制**といいます。

＊1　同時に，婚姻年齢も男女ともに18歳にそろえられることになっている。本書第4章を参照。
＊2　これに対して，地方の政治においては住民が直接参加する権利を保障している。この問題については，本書第12章，第14章を参照。

皆さんが政治に参加し，自分たちの代表者を選ぶために，憲法は**選挙権**を保障しています。しかし，選挙権は他の基本的人権とは違った性格をもっています。選挙権ももちろん権利なのですが，それだけではなくさらに公務，つまり政治に参加するという仕事としての性格をももっています。なお，選挙権は，国会が制度として具体化しなければ行使することができません。国会は，憲法に定められている原則を踏まえて選挙制度を作っていかなければならないことになっています。

選挙制度を具体化するときに国会が守らなければならない原則には次の5つがあります。①**普通選挙**：成年者であればすべての国民に選挙権が保障されること（第15条第3項），②**平等選挙**：有権者がもつ1票の重みが平等であること（第14条，第44条），③**自由選挙**：有権者が投票するかしないか，選挙運動をするかしないかは自由であること，④**秘密選挙**：有権者が投票したかしなかったか，誰に投票したかは秘密であること（第15条第4項），⑤**直接選挙**：有権者は自ら候補者に直接投票すること（第93条第2項）。

しかし，選挙制度を具体的に定めている**公職選挙法**はこの原則をきちんと守っていないのではないかという疑問があります。これはとくに①普通選挙や②平等選挙，③自由選挙について定める部分で問題になっています。この問題はすぐ後で述べます（ 3 の③）。

3 選挙制度

国会議員を選ぶ仕組みは，衆議院議員と参議院議員で異なっています。順にみていきましょう。

①衆議院議員を選ぶ仕組み

衆議院議員を選ぶ仕組みは，現在は，**小選挙区比例代表並立制**がとられています。この制度は，**小選挙区制**と**比例代表制**という2つの異なる選挙制度を組み合わせたものなので，有権者は2つの票をもっています。[*3]小選挙区の選挙は，

衆議院議員小選挙区選挙
各都道府県別選挙区数
（定数289人）

小選挙区の区切りは，国
勢調査で調べた人口をも
とに，原則10年ごとに見
直される。

図10‐1　衆議院議員小選挙区選挙

出所：総務省ウェブサイト（http://www.soumu.go.jp/senkyo/senkyo_
s/naruhodo/naruhodo03.html）。

日本全国を人口に応じて289の選挙区に分け，それぞれの選挙区から立候補し
た候補者のうち１人が当選する仕組みです（図10‐1）。皆さんは議員になって
ほしい候補者に１票を投じることになります。比例代表制の選挙は，日本全国
を11のブロックに分け，それぞれの政党が獲得した票に比例して合計176の議
席が配分される仕組みです（表10‐1）。皆さんは自分の考え方に近い政党に１
票を投じることになります。この２つの選挙制度によって，合計465人の衆議
院議員を一度に選ぶことになっています。

　②参議院議員を選ぶ仕組み

　参議院議員を選ぶ仕組みは，原則としてそれぞれの都道府県を一つの選挙区
とする制度と，全国を一つのブロックとする比例代表制を組み合わせたものに
なっています。ここでも有権者は２つの票をもつことになります。都道府県を
選挙区とする選挙は，それぞれの都道府県の人口に応じて２人から12人の候補

＊3　同時に，最高裁判所裁判官の国民審査も行われる（憲法第79条第２項）。

表10-1　衆議院議員比例代表選挙

選挙区と各選挙区別定数（定数176人）		
ブロック	都道府県	定数
北海道	北海道	8
東北	青森／岩手／宮城／秋田／山形／福島	13
北関東	茨城／栃木／群馬／埼玉	19
南関東	千葉／神奈川／山梨	22
東京都	東京	17
北陸信越	新潟／富山／石川／福井／長野	11
東海	岐阜／静岡／愛知／三重	21
近畿	滋賀／京都／大阪／兵庫／奈良／和歌山	28
中国	鳥取／島根／岡山／広島／山口	11
四国	徳島／香川／愛媛／高知	6
九州	福岡／佐賀／長崎／熊本／大分／宮崎／鹿児島／沖縄	20

出所：総務省ウェブサイト（http://www.soumu.go.jp/senkyo/senkyo_s/naru hodo/naruhodo03.html）より筆者作成。

者が当選する仕組みです。ただ，現在では１票の較差を是正するために，徳島県と高知県，鳥取県と島根県は２つの県で１つの選挙区となっています（これを「合区」といいます）。選挙区では合計148人の議員が選ばれることになります（図10-2）。比例代表制の選挙は，衆議院と同じです。ただし，参議院議員を選ぶときには，政党名ではなく候補者名を書くこともできるので，たくさんの票を獲得した候補者が優先的に議席を得ることができます。比例代表では合計100人の議員が選ばれることになります。この２つの選挙制度によって，合計248人の参議院議員を選ぶことになっています。ただし，参議院議員は衆議院議員とは違って３年ごとに半分ずつ選ばれるので，実際の選挙で皆さんが選ぶ人数はそれぞれ半分であることに注意してください。

　③選挙に関する憲法原則をめぐる問題

　(1)　普通選挙に関する問題

　選挙権は，主権者である国民が自分たちの代表を選ぶ権利なので，原則として法律などで制限することは認められません。しかし，2000年までは外国に住んでいるというだけで投票することすらできませんでしたし，その後も2005年

図10 - 2　参議院議員選挙区選挙

出所：総務省ウェブサイト（http://www.soumu.go.jp/senkyo/senkyo_
s/naruhodo/naruhodo03.html）。

　　までは外国に住んでいる人は比例代表にしか投票することができませんでした。
最高裁判所は，2005年９月14日の**在外日本国民選挙権訴訟判決**で，1984年の時
点ですでに外国に住んでいる人が選挙区にも投票できる制度について政府が検
討していたにもかかわらず，その後10年以上経ってもこの制度ができないこと
にやむを得ない理由はないとしました。この判決によって，外国に住んでいる
人に比例代表の投票しか認めないことは憲法違反とされました。現在では外国
に住んでいる日本国民も，日本に住んでいる人と同じように投票することがで
きるようになっています。
　　また，成年被後見人^{＊4}と呼ばれる人たちは，長年選挙権が制限されていました。
しかし，東京地裁は，2013年３月14日の**成年被後見人選挙権訴訟判決**で，成年
被後見人の人たちの選挙権を制限しないと公正な選挙が行われなくなるなどの

＊4　**成年被後見人**：精神上の障害などのために自分でものごとを判断することが難しく，日常の買
　　い物のような自分の身の回りに関わること以外の契約をすることができないと認められた人た
　　ちのこと。

やむを得ない事情は存在しないとしました。この判決によって，成年被後見人の選挙権を制限する公職選挙法の規定は憲法違反とされました。現在では成年被後見人の人たちも投票することができるようになっています。

(2) 平等選挙に関する問題

選挙は国民が政治に参加する重要な機会です。そのため，一人ひとりの国民のもっている1票の重みは等しくなければいけません。しかし，今みたように，現在の選挙制度は住んでいる地域ごとに代表者を選ぶ仕組みになっています。そうすると，人口が少ない地域から選ばれる代表者は，人口が多い地域から選ばれる代表者よりも少ない票で当選することができます。人口の少ない地域に住む有権者のもつ1票は，人口が多い地域に住む有権者のもつ1票よりも重いという現象が生じているのです。これは先にみた平等選挙の原則に違反しないのかが問題になります（1票の較差）。とはいえ，一人ひとりの国民がもっている1票の重みを完全に等しくすることはとても難しいので，どれくらいの較差までであれば許容されるのかを考える必要があります。

• 衆議院議員選挙について

衆議院議員選挙について，1976年4月14日の衆議院議員定数訴訟最高裁判決は，1972年の選挙では1票の較差がおよそ1：5（人口100万人の選挙区Aから1人選ぶのと人口500万人の選挙区Bから1人を選ぶのとでは，選挙区Bの有権者の1票は選挙区Aの有権者と比べて5分の1の重みしかないという例をイメージしてください）となっており，しかも各選挙区の定数配分を国会が8年あまり見直してこなかったことを理由として憲法第14条・第44条違反の判断を下しています。つまり，選挙区ごとの1票の重みの差に合理性がなく，さらに国会が合理的期間内にこの差を見直していない場合に憲法違反となります。なお，合理的期間を経過していない場合には「**違憲状態**」とされます。その後も，選挙のたびに最高裁判所はこの2つの基準に従って判断しています。それぞれの判決については図10－3を参照してください。この図によると，かつては1：3程度の較差では合憲とされていたのに，2000年代後半くらいからは1：2程度の較差でも違憲状態の判断が出ていることに気がつくと思います。これは1994年に選挙制度が**中選挙区制**から現在の小選挙区比例代表並立制に変わったこと，それに伴って各都道

140

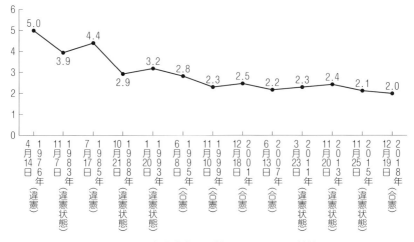

図10‐3　衆議院議員選挙における1票の較差

出所：筆者作成。

府県にもれなく1議席を配分していた1人別枠方式が1票の較差を生じさせる
主な要因となっていることを，2011年3月23日の衆議院議員定数訴訟最高裁判
決が指摘したことが原因です（1人別枠方式は，この判決を受けて2012年に廃止さ
れています）。

・参議院議員選挙について

なお，参議院議員選挙については，図10‐4からわかる通り，衆議院に比べ
ると憲法違反の判断が出にくい状況が続いていました。最高裁判所は長年，参
議院を地域代表と位置付けていたため，較差が生じていても大目に見ていたの
です。しかし2010年代に入ると，最高裁判所はこれまでの判断を改め，参議院
も「全国民の代表」であるとして，1票の較差について厳格に判断するように
なってきています。現在の国会は，先ほど見たように，合区を設けてこれに対
応しています。

＊5　**中選挙区制**：各選挙区から2〜5人を選ぶ選挙制度で，少数政党も議席を獲得しやすいという
　　メリットがあったが，その反面，政党よりも政党内の派閥が力をもちやすく，それによって利
　　益誘導や賄賂が横行するなどの弊害が指摘されたために廃止された。

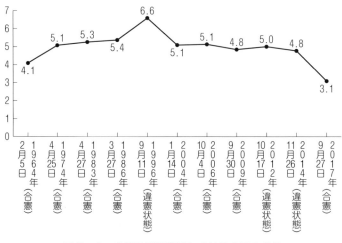

図10-4 参議院議員選挙における1票の較差

出所：筆者作成。

(3) 自由選挙に関する問題

国会議員は皆さんが選ぶ代表者なのですから，候補者がどんな考えをもっているのか，どんな政策をアピールしているのかに耳を傾けることが大事なのは言うまでもありません。しかし，有権者の側から，いま政治に何をしてほしいのかを候補者に訴えることもとても大事なことです。選挙というのは本来，有権者と候補者との間でこのような対話を重ねて政策を練っていくことが必要なはずです。憲法第21条はこうした有権者と候補者との間での対話を選挙運動の自由として保障しています。有権者と候補者が対話をする最も簡単な方法は，候補者が有権者を一軒一軒訪ねていくことです。これを**戸別訪問**といいます。しかし，公職選挙法第138条第1項では戸別訪問は禁止されています。これは選挙運動を保障する憲法第21条に違反しないのでしょうか。最高裁判所は，1981年6月15日の戸別訪問規定訴訟判決で，戸別訪問を許すと①買収や利益誘導につながる，②選挙人の生活の平穏を害する，③候補者の出費がかさむ，④感情に流されて投票してしまうという①～④の理由で，戸別訪問を禁止する公職選挙法は憲法第21条に違反しないと判断しています。しかし，①～④のどれも戸別訪問の禁止とあまり関連性がなく（たとえば①買収や利益誘導は戸別訪問とは関係

表10-2　選挙運動のルール

認められているもの※	認められていないもの
個人演説会	事前運動
街頭演説	複数候補者の立会演説会
政見放送	戸別訪問
電話・Twitter・Facebook	飲食物の提供
通常はがき・ビラ・新聞広告・選挙公報などの配布	署名運動
マニフェストの配布	選挙に関する人気投票

注：※ただし，一部制限あり。
出所：筆者作成。

表10-3　インターネットにおける選挙運動

	政　党	候補者	有権者
ホームページ	○	○	○
ブログ	○	○	○
SNS	○	○	○
動画サイト	○	○	○
電子メール	△※	△※	×

注：※あらかじめ選挙運動用の電子メールの送信を求めた人に限る。
出所：筆者作成。

なく発生しています），説得力がないと言わざるを得ないでしょう。このような規制があるために，選挙運動は選挙のたびに候補者の名前や政党名を選挙カーから連呼するだけというイメージが定着してしまっています（その他の規制については表10-2参照）。選挙運動の規制については，冒頭に述べたように，有権者と候補者が対話を重ねるという基本に立ち返って考えてみる必要があるでしょう。

　また，2013年から，インターネットでの選挙運動が解禁されました（表10-3）。インターネットでの選挙運動で注意が必要なのは，自分の名前や連絡先などを正しく表示しなければいけないということです。なお，メールについてのみ，政党や候補者はあらかじめ送信を求めた人にしか送ることはできません。有権者にはメールによる選挙運動は禁止されています。これは誹謗中傷やなりすましを防いだり，大量に送信されたりすることを防ぐためです。ただ，SNS

にもメッセージ機能があり，メールと同じように使うことができることを考えると，この規制に意味があるのか疑問もあります。

2 国会の地位と仕事：国会とはどんなところなのか？

1 国会の地位

　皆さんが選んだ代表者が集まるところが国会です。国会は，内閣や裁判所と違って，皆さん自身が選んだ唯一の機関なので特別な地位についているようにも見えます。では，国会はどんな地位についているのでしょうか。憲法第41条は，国会を**国権の最高機関**かつ**唯一の立法機関**と定めています。それぞれ何を意味するのかみていきましょう。

　国権の最高機関ということばを素直に受け止めると，国会は内閣や裁判所よりも高い地位にあるのだとも考えられそうです。しかし，こう考えるとおかしなことになります。主権者である国民は国の政治について最高の決定権をもっています（前節の 1 参照）。最高の決定権をもっている国民が最高機関である国会に所属する議員を選ぶ……ということは，どちらが「最高」なのかわからなくなってしまいます。また，仮に国会が最高機関だとすると，あとで説明する議院内閣制のシステムをうまく説明できなくなってしまいます。さらに，国会が制定した法律を，なぜ裁判所が憲法に違反していないか審査できるのかも説明できなくなります。そうすると，国会が国権の最高機関であるということばにはとくに何か意味があるわけではなく，ただ国会をほめたたえているにすぎないのだ，と考えるしかないでしょう。

　これに対して，唯一の立法機関ということばには，2つの大事な原則が含まれています。**国会中心立法の原則**と**国会単独立法の原則**です。

　国会中心立法の原則とは，法律は常に国会が作らなければならない，というものです。当たり前の話じゃないかと思う人もいるでしょう。しかし，戦前は天皇がかってに法律と同じ効力をもつ命令，勅令を制定することができました。この反省から，現在はこの原則は大事な意味をもっています。この原則により，

表10 - 4　内閣提出法案

年度	内閣提出法案			議員立法			法案成立合　　計
	提出	成立	成立率	提出	成立	成立率	
2018	78	73	94%	159	29	18%	102
2017	75	71	95%	164	12	7 %	83
2016	75	68	91%	198	31	16%	99
2015	75	66	88%	72	12	17%	78
2014	112	100	89%	107	29	27%	129

出所：内閣法制局ウェブサイト（https://www.clb.go.jp/contents/all.html）より筆者作成。

　民法を改正して18歳を大人とするためには常に国会の議決が必要となります。クラスにとって大事なことは，数人のクラスメイトだけで決めるのではなく，ホームルームなどでみんなが集まって話し合って決めるというイメージです。ただし，衆議院や参議院がそれぞれ独自に規則を制定すること（第58条第 2 項），最高裁判所が裁判に関する規則を制定する（第77条第 1 項）ことは，例外的に憲法が認めています。

　国会単独立法の原則とは，法律は国会が議決するだけで成立する，というものです。これも当たり前のようですが，戦前は天皇が OK（これを「裁可」といいます）を出さないと法律は成立しませんでした。この反省から，現在はこの原則にも大事な意味があります。この原則により，18歳が大人となるためには，その法律を国会が議決しさえすればいいということになります。クラスのみんなが集まって決めたことについて，他のクラスの人たちや先生から OK をもらわなければダメだというのはおかしな話ですよね。

　ここで，表10 - 4 を見てください。この表によると，国会が議決する法律の多くは内閣が提出するものとなっています（内閣提出法案といいます。18歳を大人とする民法改正案も内閣提出法案でした）。国会議員が自分たちで作って提出した法律案（議員立法）もたくさんありますが，成立率は内閣が提出したものに比べるときわめて低くなっています。ここでは，内閣が国会に法律案を持ち込んで審議し，国会が法律案を議決しているわけですが，これは国会単独立法の原則に反していないのでしょうか？　しかし，内閣が法律案を国会に提出してき

たからといって，国会議員が法律案を提出できなくなるわけではありません。また，内閣提出法案を国会は100％受け入れなければならないわけではなく，独自に修正し，場合によっては否決することもできます。さらに，内閣総理大臣は自らの職務権限として，内閣を代表して「議案」を国会に提出することが認められています（第72条前段）。この議案には法律案も含まれると理解することもできます。そもそも，国会はあとで説明するように，内閣と協力し，ともに責任をもって国政を運営していかなければいけません。以上のように考えると，内閣提出法案は国会単独立法の原則には反していないということができます。

2 国会の仕事——法律はどうやって作られる？

　皆さんが選んだ国会議員は，どうやって法律を作っているのでしょうか。国会といえば，皆さんがイメージするのは大きな議場（本会議といいます）に国会議員が勢ぞろいしているところではないでしょうか。しかし実は，国会議員が法律をつくるときにメインの舞台となるのは本会議ではありません。衆議院と参議院にはそれぞれもっと少人数で法律案などを審議する委員会があります。法律案の審議は主にこの委員会で行われます。皆さんのクラスでも，もっと小さなまとまりとして委員会や係を決めることがあるのではないでしょうか。委員会でこの法律案はもう問題ないだろうと決められると，本会議で審議され，議決されます。原則として，衆議院と参議院の本会議に来ている議員の過半数で議決されると（第56条第1項後段），法律案は成立します（第59条第1項）。18歳を大人とする民法改正案も，まず両議院の法務委員会というところで審議され，問題ないだろうと決められたあとで，両議院の本会議の賛成多数で議決されました。皆さんのクラスで何かを決めるときにもたいていは同じような方法をとっているのではないでしょうか。

　ただし，国会議員は色々な意見をもった人が集まっていますから，いつもそう簡単に衆議院と参議院で議決されるわけではありません。18歳から大人とすると，親元を離れるなどして不安を抱えている若者をねらった悪質な契約が増

加するなど，消費者トラブルに巻き込まれやすくなるという意見も当然あり得るところです。衆議院は18歳を大人とすることに賛成して法律案を可決したけれど，参議院はこれに反対して否決してしまったという場合には，法律は成立しません。しかし，ずっと参議院が否決しつづけていると，いつまでたっても法律ができないままということもあるかもしれません。そこで，衆議院は今度はもっと多くの議員（本会議に来ている3分の2以上の議員）に賛成してもらうことができれば，法律を成立させることができます（憲法第59条第2項）。

　でも，いつもこううまくいく保証はありません。また，何度も衆議院だけで法律を成立させてしまうと，参議院はもっと反発してしまうかもしれませんし，国民も衆議院はちょっと強引なんじゃないかと思うかもしれません。参議院議員も皆さんが選んでいるのですから，なるべく参議院の意見も尊重して法律を作ってほしいと思うはずです。そこで，衆議院と参議院で何歳から大人にすべきか意見が合わないときには，衆議院と参議院でじっくりと話し合う（**両院協議会**）こともできます（第59条第3項）。皆さんのクラスでも，声の大きいグループの人たちがいるかもしれませんが，そういう人たちの言うことばかりに従わされるのはイヤですし，普段はあまり目立たない人の意見も聞いたりしたほうがいいと思いませんか？

　一方，参議院も衆議院のいいなりにはなりたくないので，衆議院で可決した法律案を無視し，審議しないということがあるかもしれません。国会は会期という決められた期間しか活動しません（第52～第54条）。会期が終わってしまうと，審議中の法律案は廃案になってしまいます（会期不継続の原則）。参議院がこれをねらって，衆議院が18歳から大人とするという法律案を可決したあと，これを時間切れになるまで無視しつづけると，法律はいつまでたっても成立しません。そこで，参議院が60日無視しつづけると，その法律案は否決されたものとみなされます（第59条第4項）。

　このように，法律案の審議で衆議院と参議院の意見が異なった場合にも憲法はさまざまな仕組みを用意しています。それは，国会は内閣の下請けとして法律案をただ多数決でスピーディーに可決してしまえばいいというものではないからです。むしろ，衆議院であれ参議院であれ，国民の代表者である国会議員

のなるべく多くの意見を尊重し，幅広い合意を作りあげるために努力すること
を憲法が求めているからにほかなりません。大人は20歳から，という長い間定
着してきた法律を変える場合にも，さまざまな意見を尊重し，なるべく多くの
人の合意が得られることが必要でしょう。

　ちなみに，国会の仕事は法律を制定するだけではありません。国民から少し
ずつ集めた税金を内閣は毎年予算として編成し，国会はこれを議決します（第
86条）。さらに，**内閣総理大臣の指名**（第67条第１項），**条約の承認**（第73条第３
号），**憲法改正の発議**（第96条第１項）なども国会の重要な仕事です。

3　国会の組織──なぜ国会は衆議院と参議院に分かれている？

　国会は衆議院と参議院という２つの議院で構成されています（第42条）。これ
を二院制といいます。実は，二院制はグローバル・スタンダードではなく，そ
れぞれの国の歴史的事情に応じて採用されるか否かが決められます。この事情
に応じて，二院制は貴族院型，連邦制型，民主的第二次院型の３つに分類する
ことができます。

　貴族院型では，その名の通り，第二院は貴族で構成されます。たとえば，イ
ギリスでは伝統的に貴族という特権階級が承認され，貴族院議員となっていま
した。彼らの利益を代表するために第二院が設置されています。

　連邦制型は，アメリカやドイツなど連邦制を採用する国でとられているもの
です。これらの国では，連邦国家を構成する州の意見を尊重しなければ一つの
国としてまとまっていくことができません。そこで，州の代表者が議員となる
第二院が設置されています。なお，貴族院型も連邦制型も，第一院は国民が選
挙で議員を選びます。

　民主的第二次院型は，第一院と同じように第二院の議員も国民が選挙で選ぶ
ものです。日本の参議院はこの類型です（第43条）。日本のほかにはイタリアな
どがこの類型に該当します。

　しかし，貴族もいない，連邦制でもない日本になぜ第二院が必要なのでしょ
うか。先述したように，国会はなるべく幅広い合意を形成してから法律案を可

決することが求められています。議院が一つしかないと，国民の多くの意見を国政に反映するのは難しくなります。とくに衆議院の選挙制度は，「風が吹いた」党派に有利なものです。そうでない人たちの意見を衆議院へ反映するのは簡単ではありません。また，衆議院には解散がありますから，どうしてもその時々で国民にウケる意見が重視されがちです。そこで，もう一つの議院を設置し，もっと多くの国民の意見を反映するという工夫がなされているのです。また，衆議院は勢いのある人たちが当選しやすいので，その勢いに乗っかって何でも決めてしまうかもしれません。いつ解散されるかわからないという事情もこれに拍車をかけることにもなりかねません。これに対して参議院は解散がなく，いったん参議院議員になれば，6年間は失職する心配はありません（衆議院議員の任期は長くても4年です）。参議院はこの特長を活かして，衆議院とは違ってじっくりと審議することが期待されます。つまり，衆議院がアクセルを思いきり踏んでいたとしても，参議院はこれにブレーキをかけることができるのです。ある法律案を審議し，議決するという場合にも，衆議院が勢いだけで決めてしまうのではなく，参議院で，本当にそれでいいのか，もう少しじっくりと検討するということが憲法によって認められているのです。参議院議員の被選挙権年齢が衆議院議員の被選挙権よりも高いのはそうした意味があります。学校でも，経験豊富で色々なことを知っている上級生の意見を聞いてみた方がうまくいくということもありますよね（上級生の言うことが絶対だ，という意味ではありません）。

3 内　　閣

1　行政権とは

　「ゆりかごから墓場まで」ということばを聞いたことがある人も多いのではないでしょうか。実は，このことばは**行政権**とは何かを説明するためのヒントになります。憲法第65条は「行政権は，内閣に属する」と定めています。ここで行政権とは，「ゆりかごから墓場まで」，つまり社会で生活する皆さんの福祉を

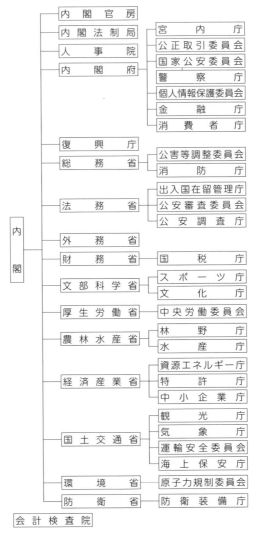

図10‐5　日本の主な行政組織

注：2019年4月1日現在。
出所：政府広報オンライン（https://www.gov-online.go.jp/
　　　topics/link/index.html）より筆者作成。

向上させるために人々の生活のすみずみにまで行使される権力なのです。その
ため，立法権や司法権とは異なり，行政権の意味をはっきりと表すことはでき
ないとされています。つまるところ，行政権とは立法権と司法権を除くすべて
の権力といった表現しかできないというわけです（これを「控除説」といいます）。
図10-5の通り，内閣の指揮監督の下に，皆さんの福祉を向上させるためにさ
まざまな行政機関が非常に多くの仕事を行っているのがおわかりいただけるの
ではないかと思います。

2　議院内閣制──内閣はどうやって作られる？

　国会議員は国民が選挙で選んでいますが，**内閣総理大臣**を選挙で選んだこと
はないはずです。実は憲法では，内閣総理大臣は国会議員の中から国会の議決
で指名すると定められています（第67条）。
　指名された内閣総理大臣は，内閣のリーダーとして，国務大臣を任命します。
ただし，国務大臣の過半数は国会議員の中から選ばなければなりません。皆さ
んも自分のクラスの中から学級委員などのリーダーを選ぶことがありますよね。
内閣総理大臣は，国務大臣を任命できるということは，逆に国務大臣をやめさ
せることもできます（第68条）。内閣総理大臣は，内閣のリーダーですから，国
務大臣より強い力をもっているのです。これに対して，戦前の内閣総理大臣は
このような力をもっておらず，他の国務大臣と同じと扱われていました。その
ため，陸軍や海軍の大臣は「われわれは天皇の軍だ」として，内閣総理大臣の
言うことを聞かず暴走し，戦争の泥沼へ突き進んでいってしまいました。日本
国憲法が内閣総理大臣に強い力を与えているのは，こうした歴史的な反省を踏
まえているからです。
　以上のように，内閣はその誕生の頃から国会と非常に密接な関係をもってい
ます。さらに，内閣はいったん作られたあとも，国会に対して連帯して責任を
負うことになっています（第66条第3項）。つまり，国会と内閣は常に協力して
国政を担っていかなければならないのです（先述したように，法律案の提出や予
算・条約の承認などが典型例です）。ただ，国会も内閣も人間が動かしている以上，

ずっと仲良く協力してやっていくことができるわけではありません。ときには，「もう一緒にやっていくのは無理！」というほどのすれ違いも起きるかもしれません。そこまで関係が冷え込んでしまったときには，協力関係を解消することになります。衆議院の側は内閣に**不信任決議**を突きつけることができますし，内閣はこれを受け入れて10日以内に**総辞職**するか，対抗して衆議院を**解散**することができます（第69条）。このように国会と内閣の協力を一応は前提とした仕組みを，**議院内閣制**といいます。皆さんが選んだ学級委員が，皆さんの言うことを全く聞かないで勝手なことばかり命令してきたらイヤですよね？　そんなときはやっぱりクラスで話し合いをして学級委員を違う人にやってもらうことになったりするはずです。国の政治の仕組みも似たような考え方を取り入れているのですね。

　これに対して，アメリカなどで採用されている大統領制は，行政府の長である大統領も国民が選挙で選ぶため，議会と大統領との間には協力関係は想定されていません。権力分立の観点からみると，立法権と行政権が協力関係にある議院内閣制とは違って，両者がしっかりと分けられていますが，その分お互いの意見がぶつかって一歩も譲らないようなときには政治がストップしてしまうこともあります。

3　内閣の仕事

　憲法は，内閣の仕事として，法律の執行などさまざまなものをあげています（第73条）。ここで注意したいのは，「他の一般行政事務の外」ということばです。この言葉は，憲法第73条にあげられているもの以外の仕事も内閣は行うことができるという意味をもっています。「ゆりかごから墓場まで」，現代ではたくさんの仕事を内閣の指揮監督のもとで行政機関が行っています。

＊6　地方公共団体の長（都道府県知事や市町村長など）は議会の議員とともに日本国憲法の下でも住民が直接選挙で選ぶことになっている（第93条第2項）。詳しくは，本書第12章を参照。

▉4▉　衆議院の解散権

　先ほど，衆議院が行った不信任決議に対抗する措置として，内閣は衆議院を解散できると説明しました。しかし，現代社会は目まぐるしく変化しているため，「社会保障を充実させるために増税が必要か」など重要な政策のあり方について国民の意見を聞いてみたいと思うこともあるかもしれません。そんなとき，いつも衆議院に不信任決議をしてもらってから解散していたのではたいへんな手間がかかりますし，仲良く協力してやっていこうと思って作った内閣にいつも国会が不信任の決議をしてくれるとも限りません。内閣が国民の意見を聞いてみたいと思ったときに憲法第69条を使って衆議院を解散することは難しいのです。そこで，現在では天皇の国事行為に関する規定（第7条第3号）を用いて，内閣は衆議院を解散することができるとされています（実際にも衆議院の解散の多くはこの規定が使われています）。さすがに学級委員がクラスを解散するなんてことはできないので，これはクラスの運営とは大きく違うところですね。

　だからといって，内閣は好き勝手に衆議院を解散することができるわけではありません。先ほど述べたように，参議院議員選挙は3年ごとに必ずやってきます。このタイミングをねらって同じ日に選挙をやってしまおうというもくろみで衆議院を解散することは許されるでしょうか。また，法律案の議決には衆議院と参議院とでなるだけ幅広い合意が求められるはずですが，参議院が内閣の命運をかけた法律案を否決しただけで衆議院を解散してもいいのでしょうか。さらに，憲法第53条に従って国会議員の中から臨時会の召集があったのに内閣がこれを無視しつづけ，やっと召集したと思ったらすぐさま衆議院を解散してしまうなんてことは許されるのでしょうか。実は，どの例も本当にあった解散です。先ほど述べたように，衆議院の解散は，どうしても国民に意見を聞いてみたいという場合に限って認めようというものです。これに対して，内閣にとって都合が悪い（または都合がいい）から衆議院を解散するといったことは断じて許されるものではないでしょう。[*7]

＊7　現にドイツやイギリスでは，内閣は好き勝手に議会を解散してはいけないことになっている。

まとめ

　国民は主権者として代表者を選ぶ権利をもっていますが，現実にこの権利がすべての人に等しく保障されているのか，政治に積極的に参加するための制度は整備されているのか，よく考えなければならないでしょう。国民によって選ばれた国会議員は，確かに多数決で法律を作ることができますが，何でも多数決で決めるのではなく，なるべく多くの議員の合意を得られるよう努力しなければなりません。憲法が衆議院と参議院を置いているのもそうした視点から考える必要があります。内閣はさまざまな行政機関の仕事を指揮監督していますが，何でも独断で進めてしまうのではなく，なるべく国会と協力して仕事を進めていくことが求められるでしょう。

 さらに学びたい人のために

○斎藤一久（編著）『高校生のための選挙入門』三省堂，2016年。

　　選挙の基本的な仕組みから，高校生がどこまで選挙運動や政治活動をできるのかについてやさしく解説している本です。選挙運動や政治活動は，プロの政治家だけではなく高校生も自由に行えるものであり，運動を通して「民主主義って何だ？」ということを考えるきっかけを提供してくれます。

○大石眞・大山礼子（編著）『国会を考える』三省堂，2017年。

　　国会の審議を活性化させるためにはどうしたらいいのかを検討している本です。諸外国の議会制度について最新の情報に基づいて分析・検討し，その問題点を明らかにすることで，日本の国会の現状と問題点を浮き彫りにし，国会のあるべき姿を提示しています。

○高見勝利『現代日本の議会政と憲法』岩波書店，2008年。

　　日本の議会政のどこに問題があるのか，議会政はどうあるべきかを分析し，提言している本です。著者は，憲法の定める統治の仕組みに問題があるのではなく，国会議員による憲法運用に問題があることを指摘し，憲法の精神に則ったあるべき議会政を求めてさまざまな提言を行っています。

第11章

裁判所・違憲審査制
──もしも裁判員に選ばれたら──

● ● ● 学びのポイント ● ● ●

- 裁判所ではどのような人が働いていて，どのような仕事をしているのか考え
てみよう。
- 裁判員制度では，私たち市民が裁判とどのように関わるのか理解しよう。
- 犯罪の嫌疑をかけられてしまった人にはどのような権利があるのか理解しよ
う。

WORK　裁判のイメージをもてるようになろう

① 裁判所が作成した裁判員制度の映画「裁判員──選ばれ，そして見えてきたもの」や「評議」を，裁判員制度のウェブサイト，動画サイトやDVD で見てみよう。

　見た後に，自分が裁判員であればどのような判決を下したか考え，友達と話し合ってみよう。

【調べのヒント】裁判員制度広報用映画

　裁判員制度を広報する映画としては，俳優の村上弘明や前田愛が出演する「裁判員──選ばれ，そして見えてきたもの」（最高裁判所（企画・制作）梶間俊一（監督），2007 年）（http://www.saibanin.courts.go.jp/news/flash4.html）と，中村俊介や大河内奈々子の出演する「評議」（最高裁判所（企画・制作）伊藤寿浩（監督），2006 年）（http://www.saibanin.courts.go.jp/news/flash2.html）のほかに，現在はインターネット配信はされていませんが，酒井法子も出演した「審理」（最高裁判所（企画・制作）原田昌樹（監督），2008年）がありました。

② 自宅から一番近い裁判所で，裁判を傍聴するためにはどうしたらよいか，調べてみよう。可能であれば，実際に傍聴に行ってみよう。

③ 最高裁判所の裁判官は何人いて，どのような経歴や趣味をもっているのか，女性は何人いるのか，年齢は何歳くらいの人が多いのか，調べてみよう。

【調べのヒント】裁判官の「好きな言葉」？

　裁判所のウェブサイト（http://www.courts.go.jp/saikosai/about/saibankan/index.html）では，現職の最高裁判所裁判官の略歴や「好きな言葉」「趣味」なども公開されています。また，歴代の裁判官の氏名や前職も掲載されています。

● 導　入 ● ● ● ● ● ● ● ●

　皆さんは裁判所に行ったことがありますか。多くの人は，行ったことがないと思います。「裁判沙汰」という言葉があるように，日本人の多くは裁判所にはできるだけ行きたくない，関わりたくないと考えているかもしれません。裁判所は，離婚や犯罪，遺産のもめごとなど，できるだけ関わりたくない紛争が起こったときに仕方なく行くところというイメージがあります。裁判所とは，どのような場所であり，何のために存在するのでしょうか。日本全国にどのくらいの裁判所があり，どのような人が働いているのでしょうか。

　私たち国民は，裁判とどのような関わりをもつのでしょうか。2009年から裁判員制度が始まり，20歳以上の，選挙権をもつ有権者の中からランダムに選ばれた一般市民が，裁判所に呼び出されて，「裁判員」として刑事裁判に参加することになりました。このような，一見「面倒くさい」制度はなぜ導入されたのでしょうか。裁判員制度にはどのような意義と問題点があるのでしょうか。

　裁判所は，罪を犯したと疑われる人の有罪・無罪を決定する場所でもあります。もしも皆さんが何らかの容疑で逮捕され，起訴され，刑事裁判にかけられた場合には，どうなるのでしょうか。このような問題もこの章で学びます。

● ● ● ● ● ● ● ● ●

1　裁判所とは

　1　裁判の種類

　裁判所は，文字通り裁判をするための役所です。裁判にはいくつかの種類があります。一番多いのは**民事裁判**といって，私たち一般の国民（公務員ではないという意味で，私人といわれることもあります）同士の紛争を解決するための裁判です。たとえば，離婚，交通事故，遺産相続，医療過誤，不当解雇などの紛争は民事裁判で争われることがほとんどです。民事裁判を起こして訴える人を原告，訴えを提起された相手方を被告といいます。交通事故であれば，被害者が原告，加害者が被告になることがほとんどでしょう。

　刑事裁判は，罪を犯したと疑われる被告人の有罪，無罪を決するための裁判

です（民事裁判では訴えられるのは「被告」ですが，刑事裁判で裁かれるのは「被告人」です。用語が違うので注意してください）。ドラマや映画でよく出てくるのはこの刑事裁判ですが，実際には，件数は民事裁判に比べるとずっと少ないのです。

　ほかに，国や地方公共団体を相手とした**行政裁判**があります。たとえば，警察官が必要もないのにパトカーを暴走させて追跡行為を行った結果，事故が起こった場合には，事故の被害者は国や自治体に損害賠償を請求できます。あるいは，国公立の高校に通う高校生の退学処分が不当に厳しすぎるときは，その処分の取消を求めて裁判を起こすことができます。

2 裁判所の種類

　日本は**三審制**を採用しています。最も典型的には，地方裁判所，高等裁判所，最高裁判所の三段階に分かれていて，最初の裁判が行われる地方裁判所の判決に不服があれば高等裁判所に控訴でき，高等裁判所の判決に不服があればさらに最高裁判所に上告できます。

　もっとも，軽微な刑事事件や，争われている金額が小さな民事事件は，簡易裁判所から裁判が始まることもあります。少年犯罪や，夫婦や親子などの家庭内の紛争についての事件は，家庭裁判所が最初の裁判所になります。しかし，簡裁や家裁から裁判が始まっても，原則として計3回の裁判の機会を受けられるようになっています。詳しくは，図11‐1を参照してください。

　地方裁判所は全国50か所に本庁が，203か所に支部があります（支部には裁判官が少ないなどの問題が指摘されています）。本庁は，北海道に4か所，都府県に1か所ずつです。高等裁判所は札幌，仙台，東京，名古屋，大阪，広島，高松，福岡に本庁があり，最高裁判所は東京にあります。裁判所って意外と少ない，と思った人もいるかもしれませんね。もっとも，簡単な裁判しか扱えませんが，簡易裁判所は，全国に438か所あります。

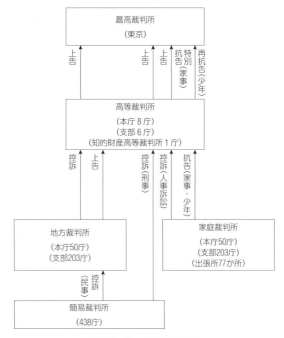

図11-1　三審制の図

出所：裁判所ウェブサイト（www.courts.go.jp/about/sosiki/gai
yo/index.html）。

3　裁判所では何が争えるのか

　裁判は紛争を解決するためのものです。しかし，どのような紛争も裁判所で
争えるわけではありません。裁判所で解決できる紛争は，法律を適用すること
で終局的に解決できる権利義務や法律関係についての争いに限られるのです
（国家の刑罰権の存否についての争いが刑事訴訟です）。たとえば，離婚をしたい妻
が夫を訴えた場合には，離婚事由があるかどうかを民法に照らして判断し，夫
婦という法律関係を終わらせるかについて判断することができます。しかし，
AさんとBさんのどちらが美人（美男）かとか，ディズニー映画とジブリ映画
のどちらが面白いかといった紛争は，法律を適用することで解決できないので
裁判所で扱うことはできません。

また，大学で単位がとれなかったからといって，単位を認めてほしいという訴えも認められないと考えられています。単位の認定は，学問の専門家である大学の教員が決めるべきもので，裁判所が介入すべきではないためです。しかし，退学処分については，それが違法だったかを争うことができるとされています。このようなバランスを取ることで，大学側の学問的判断を尊重しつつも，学生の権利を保護しようとしているわけです。

　一見すると法律の問題でも，具体的な事件が発生しておらず，当事者の権利義務と関係がない場合にも，裁判所は取り扱うことができません。たとえば，自衛隊は憲法違反か，というのは法律の問題なのですが，自衛隊が存在するだけでは，別段誰の具体的な権利も侵害されていないので，裁判所はそのような問題を審理することはできません。自衛隊が存在するのは絶対に嫌だというだけでは権利が侵害されたとまでは言えないのです。具体的な事件が発生していないのに，この法律は憲法違反だと思うので裁判所の意見を聞きたい，というリクエストを受けつけていたら，裁判所がパンクしてしまうかもしれません。紛争を解決するという裁判所本来の仕事がおろそかになってしまうこともあるかもしれません。しかし，もしも，自衛隊の装備品を破壊したことを理由に起訴されれば，その具体的事件を審理する中で，自衛隊の合憲性を審理することはできるはずです。それを違憲審査権というのですが，次に解説します。

2 違憲審査制

1 違憲審査とは

　日本国憲法によって，最高裁判所には**違憲審査権**という強力な権限が与えられています。これは，憲法に反する法律を無効にする権限です（加えて，法律以外の行政処分等も無効にできます）。国民が選挙で選んだ国会議員が多数決で賛成して作られた法律を，裁判所は無効にできるのです。最高裁判所だけでなく，地方裁判所や簡易裁判所も違憲審査権をもっていると考えられています。

　国会議員の定数は衆議院が465人，参議院が245人です。一方で，裁判所は，

裁判官の数が最も多い最高裁判所でも，15人しか裁判官はいません。しかも裁判官は選挙で直接選ばれているわけではありません。この15人のうち，過半数の 8 人が，法律が憲法違反であると判断すれば，その法律は無効になり，国会や内閣はその判断に従わなければならないと考えられています。このため，最高裁判所は「憲法の番人」であるといわれることもあります。選挙で選ばれたわけでもないわずか 8 人の裁判官によって，国民が選挙で直接選んだ数百人の国会議員が苦労して作った法律を白紙にできてしまうのです。しかも国会は，原則として，二度と同じ法律を通してはならないとされます。

　このような制度がなかなか受け入れにくいのは当然でしょう。実際，日本の最高裁判所は，違憲判決を出すことはめったにありません。しかし，時として違憲判決が下されることもあり，過去，最高裁が国会の制定した法律そのものを違憲としたことは10回あります。

２　違憲審査制はなぜ存在するのか

　なぜ裁判所は法律を違憲無効と宣言する権限を与えられているのでしょうか。それは，憲法が保障する人権はたとえ法律でも侵害してはならず，人権を侵害する法律が作られてしまった場合には国会以外の誰かがそれに NO を突きつけないといけないからです。表現の自由や平等などの人権は，選挙で選ばれた国会議員の多数の意思，つまり民意に反してでも守られるべきものと日本国憲法は考えているわけです。

　たとえば，最高裁が違憲と判断した法律の一つとして，非嫡出子の法定相続分（遺言がないときに相続できる財産）が，嫡出子の法定相続分の半分とされていた民法の規定がありました。嫡出子とは，結婚している男女の子どもです。非嫡出子とは，結婚していない男女の子どもです。子どもの意思で両親を結婚させることはできませんから，生まれながらに非嫡出子は自己の努力ではどうしようもない理由で法的に差別されていたことになります。

＊ 1　つい最近まで242人だったが，議員定数不均衡を是正するために，2019年に245人に，2022年に248人になるよう，定数が改正された。

国会議員は選挙で選ばれますので，国民の中でも数が少ない非嫡出子に対する差別を是正することは票に結び付かず，この問題に関心がないかもしれません。このようなとき，裁判所が少数者の人権（この例であれば非嫡出子の平等権）を守るために積極的に憲法判断を行うことが期待されます。

　裁判官は，自らの良心，憲法，法律のみに従って判決を下すことができ，国会や内閣に都合の悪い判決を書いたとしても，簡単に首になることはありません（**司法権の独立**）。民意に反する判決を書いたとしても，それが人権を守るためのものであれば，何ら問題はないのです。また，裁判官は，法律や憲法に精通した専門家ですから，人権についての知識も深いはずです。このような理由から，裁判所は，国会が制定した人権侵害的な法律を憲法に照らして無効と判断するのに適した機関であると考えられているのです。

3 裁判員制度

1　裁判官ってどんな人？

　皆さんは，裁判所ではどのような人たちが働いており，どのような人が裁判をしているか想像したことがあるでしょうか。

　裁判には民事，刑事，行政の区別があることをお話ししましたが，それらの事件で，紛争の当事者の言い分を聞き，証拠を吟味し，どちらの言い分が正しいかを決めなくてはいけません。たとえば，民事裁判では，原告は，貸したお金を返してもらったことはない，と言い，一方で被告は，借りたお金はすでに返したと主張するかもしれません。どちらが嘘をついているのか証拠に照らして判断しなければいけないのです。あるいは，刑事裁判では，被害者が，この人に痴漢された，と主張するかもしれませんが，その被告人は自分はやっていないと主張するかもしれません。どちらの言い分が正しいのか，決めないといけないのです。

　それだけではありません。法律の条文が曖昧だったり，ぴったりとあてはまる条文がなかったりしたときに，法律を解釈しなければいけないことがありま

す。たとえば，民法第90条は「公の秩序又は善良の風俗に反する事項を目的と
する法律行為は，無効とする」と定めていますが，「公の秩序又は善良の風俗」
とは何かは，この条文を読んだだけではわかりません。裁判官は，社会の常識
や良識が何かを考えつつ，この条文の意味を解釈しなければいけないわけです。

　このような，事実の認定や法律の解釈を行うことで，紛争に決着をつけるの
が裁判官です。裁判官になるためには，日本で一番難しい国家試験ともいわれ
る司法試験に若くして受かった後，一年の司法修習を優秀な成績で終えること
が必要といわれています。[*2]

　最高裁判所の裁判官は少し事情が異なります。最高裁の裁判官は15人います
が，そのうち，最高裁判所長官は，内閣の指名に基づいて天皇が任命します
（憲法第6条第2項）。それ以外の最高裁の裁判官は内閣が任命します（憲法第79
条第1項）。いずれにしても誰を最高裁の裁判官に選ぶかは内閣が決める権限を
もっているわけですが，裁判官出身者だけでなく，検察官，弁護士，行政官，
法学教授からもバランスよく最高裁判事を任命するという慣行がずっと続いて
きました。いずれにしても，最高裁，下級審ともに，裁判を行う裁判官はエリ
ートであり，法律のプロであることは間違いありません。

2　裁判員制度とは

　2009年から**裁判員制度**という新しい裁判の仕組みが始まりました。これは，
地方裁判所における刑事裁判で行われているもので，裁判官3人と裁判員6人
が話し合って，判決の内容を決めるというものです。もっとも，すべての刑事
事件ではなく，殺人，強盗致死傷，傷害致死，危険運転致死罪などの重大犯罪
のみがこの制度の対象となります。

　裁判員6人は，20歳以上の選挙権をもつ一般市民からランダムに選ばれます。
より正確には，事件ごとに裁判員候補者が数十人程度選ばれ，裁判長はその候

---

*2　弁護士から裁判官になるなど，一定の例外はあり，また，簡易裁判所の判事は，司法試験に合
　格していない人も多いようである。原則として司法試験をパスしなければなることができない
　裁判官，検察官，弁護士の3つの職業を「法曹三者」と呼ぶことがある。

補者に対し，不公平な裁判をするおそれがないか，辞退を希望するかどうかなどを質問し，最終的に6人の裁判員が選ばれます。裁判員とその候補者には出頭義務があります。辞退事由は，法令で決められており，70歳以上であったり，重い病気を患っていたり，親族の介護の必要があったり，仕事に著しい損害が発生するおそれがある場合には，辞退を申し出ることができます。学生や生徒も辞退を申し出ることができるので，読者の皆さんが大学生の場合には，裁判員候補者に選ばれても辞退を申し出れば裁判員になる必要はありません（もちろんやってみてもいいと思います）。

　裁判員と裁判官は，基本的に対等な立場で話し合い，事実認定と量刑判断の双方を多数決で決定します（ただし，被告人を有罪にするには，最低でも一人の裁判官が有罪に賛成していることが必要です）。つまり，被告人が嘘をついていないか，アリバイがあったか，そもそも罪を本当に犯した真犯人なのかなどの，事実についての判断も，被告人が犯した罪に対する処罰の重さも裁判員は判断する必要があります。

　執行猶予を付けるか，あるいは実刑にするかという判断は大変難しいものでしょう。裁判員の判断次第で，被告人が実際に刑務所で服役するのか，社会の中で暮らせるかが決まるのです。被告人を死刑にするか無期懲役にするかという判断は，被告人の生命を左右するもので，さらに難しい判断になりそうです。このような，一人の人間の人生や生命に関わる判断を下すという，非常に重い負担が裁判員に課せられているのです。

3　裁判員制度の問題点

　こうして始まった裁判員制度ですが，多くの問題も指摘されています。たとえば，裁判員には守秘義務が課せられ，評議に当たって知った秘密を漏らしてはならず，違反すると6か月以下の懲役または50万円以下の罰金に処せられる可能性があります。裁判員の誰々さんがこのようなことを言っていた，と後でわかるようなことがあれば，自由に発言できなくなる可能性もありますので，このような制度には一定の意味があるでしょう。しかし，これによって，裁判

員の経験が社会的に共有されないとか，プロの裁判官による不当な誘導などが
あってもそれが表面化されないなど，多くの問題も含んでいます。憲法が保障
する表現の自由の観点からは，裁判員が自分の経験について自由に公表するこ
とは許されると考えるべきではないか，との批判もあります。

　また，凄惨な遺体の写真などを見ることによる精神的ショックも問題になり
ます。精神的ショックを和らげるために，代わりにイラストを使うなどの工夫
がされるようになってきたようですが，それは証拠が加工されるという別の問
題も生じさせます。

　あるいは，裁判が長期にわたることで発生する負担なども問題となっていま
す。2018年の実審理の予定日数（公判，評議，判決にかかる日数の見込み）の平均
は6.4日ですが，初公判から判決まで200日以上かかった事例もあります。

4　裁判員制度はなぜ導入されたのか

　裁判員制度はなぜ導入されたのでしょうか。「裁判員の参加する刑事裁判に
関する法律」の第1条によれば，司法に対する国民の理解の増進とその信頼の
向上が制度の目的とされています。つまり，裁判や司法について国民はあまり
理解しておらず，信頼もしていないため，一般市民を参加させることで，実際
の裁判を理解してもらい，それによって裁判に対する信頼を高めようというの
です。日本社会における裁判所と司法権の存在感をこれまでよりも高めようと，
弁護士の数を増やすなど，21世紀に入ってからさまざまな改革が行われました
（司法制度改革）。裁判員制度もこのような改革の一部として始まりました。そ
の意味では，究極的には，裁判員制度は司法や裁判が社会により身近なものと
して根付き，司法の存在感が高まることを狙いとしていると言ってもよいでし
ょう。

　このような目的のために導入された裁判員制度ですが，法律家の間では，賛
否が分かれています。制度が始まった当初は，公平な裁判を受ける被告人の権
利を害するなどを理由として，裁判員制度は違憲であるとの議論も多くありま
したが，最高裁は，同制度は合憲であるとの結論を下しました。

では，裁判員制度は国民に受け入れられているといえるのでしょうか。最高裁のアンケートによると，裁判員未経験者の多くは，裁判員裁判に参加したくないという気持ちをもっていますが，裁判員経験者のほとんどは裁判員裁判に参加してよかったという感想をもっているそうです。一方で，制度が始まって以来，裁判員の辞退率は少しずつ上昇を続けており（2018年は67.0％），また裁判員を選任する手続に出頭する人の率は減少傾向にあります（2018年は67.5％）。^{＊3}辞退は，そもそも法が一定の場合に認めているものですからそれほどの問題はないとしても，選任手続に無断で欠席する人の割合が3割を超えているのは制度の目的からは好ましくないということになりそうです。

　色々と問題があることは確かですが，一つずつそれが改善され，裁判員制度が社会に根付いていくことで，立法や行政に比べて存在感の薄かった司法が国民にとってより身近で理解可能なものとなっていくことが期待されます。

4 人身の自由

1 被疑者・被告人の権利

　皆さんは，テレビや新聞で「容疑者」とか「被告」と呼ばれ，罪を犯したと疑われる人を見たことがあると思います（法学的には，「容疑者」は被疑者，「被告」は被告人と表現するのが正確です）。テレビを見ている私たちは，悪い人が捕まってよかった，と思うだけかもしれません。しかし，私たちが被疑者・被告人になってしまうこともあり得ます。痴漢に間違われることは絶対にないと言い切れるでしょうか。他人の動画やイラストを勝手に使ったり改変したりしたことがないと言い切れるでしょうか（著作権法上の犯罪です）。

　そもそも，被疑者・被告人が本当に罪を犯したかは明らかではありません。実際，殺人事件をはじめとして，多くの冤罪があったことがこれまでにも明らかになっています。冤罪によって，被告人の人生は台無しになってしまいます。

＊3　最高裁判所事務総局「裁判員制度10年の総括報告書」2019年。

警察官は真犯人を捜査で明らかにするのが仕事ですが，往々にして捜査はこの人がこのような動機で罪を犯したという警察側のストーリーを検証するという形で行われます。人間はどうしても自分に都合のいいことしか見えないという面があり，それは捜査機関も例外ではありません。警察側のストーリーに沿って，実際には無実の人が犯人として作り上げられる危険は常にあるのです。

　もしも被疑者や被告人が真犯人だったとしても，どのように扱ってもいいということにはなりません。パンの万引きを理由に死刑を科すとか，自白を取るためだけに身柄を長期間拘束するのはやりすぎと言わざるを得ないでしょう。また，犯行の背後には何かしらやむを得ない事情や同情すべき環境があったかもしれません。公正な刑事裁判を行うためには，警察や検察の言い分だけ聞くわけにはいかないはずです。

　被疑者・被告人は，国家の刑罰権という，最も強力で峻厳な国家権力と対峙させられています。刑罰権が濫用され，被疑者・被告人の権利が侵害されないよう，憲法は細心の注意を払っています。第31条から第40条まで，（補則を除く）憲法全99条のうち，多くの条文が被疑者・被告人の権利について割かれています。これらの権利は，**人身の自由**と呼ばれることもあります。人身の自由とは，文字通り人の身体の自由であり，正当な理由なく身体を拘束されない権利です。表現の自由や職業選択の自由も，そもそも身柄を拘束されていたらほとんど意味がないことは明らかです。人身の自由が人権としていかに重要かが理解できると思います。

2　逮捕されたらどうなるのか

　警察官は，怪しいと思った人物をいつでも逮捕できるわけではありません。被疑者を逮捕するには，裁判官が発した令状が必要です。ただし，現行犯の場合は除きます。捜査に対して中立的な立場である裁判官が，本当に逮捕の理由と必要があるかを確かめた後でなければ，身柄を拘束することはできないのです。

　逮捕によって拘束できるのは，警察で48時間，検察で24時間まで，最大72時

間までです。その間に，裁判官へ勾留（逮捕に続いて身柄を拘束すること）請求をするか，釈放するかを検察官は決定しなければいけません。勾留を認めるには，被疑者が罪を犯したことを疑うに足りる相当な理由があり，かつ住居不定，罪証隠滅のおそれ，逃亡のおそれの少なくとも一つに該当することが必要です。勾留は10日間認められ，一度だけさらに10日間の延長を裁判官が認めることができます。

　逮捕・勾留によって身柄を拘束されている被疑者は，その間取調べを受けることになります。被疑者の取調べに際しては，取調官は，あらかじめ，自己の意思に反して供述をする必要がない旨を告げなければいけません。被疑者には黙秘権があり，たとえ真実であっても言いたくなければ言わなくてよい権利が憲法上与えられています。

　捜査官は自白を取ることを取調べの目的の一つとしているはずです。しかし，自白の強制は許されません。手錠をしたまま取り調べて得た自白，食料の差し入れを禁じてその間に得た自白などは，被疑者が自発的にした自白とは言い難いため，証拠として認められません。自白すれば釈放する，などの約束をして取った自白も同様です。

　しかし，取調べ中に話したことは，そのような事情の下，強制的に自白させられたと認められない限り，裁判で証拠として扱われます。裁判になった後に取調べ中に言ったことを否定すると，言っていることの一貫性がない，として裁判官や裁判員の中で疑いが深まってしまう可能性もあります。したがって，身に覚えのないことを言ってしまわないように注意が必要です。

　被疑者の言ったことは，録音されるのではなく，調書という書類に捜査官によって書き込まれ，その書類が証拠として裁判に提出されるのが通常です。この調書を証拠として裁判で使うためには，被疑者の署名押印が必要なのですが，言ってもいないことを書いた調書に署名押印する必要はありません。もちろん，捜査官から署名しろと強いプレッシャーをかけられると思いますが，それに黙って従う必要性は法的には一切ないのです。

3 弁護人依頼権

被疑者・被告人は，警察，検察という強大な国家組織から犯罪の嫌疑をかけられています。警察や検察は捜査のプロ集団であり，法的な知識ももっています。それに対し，被疑者・被告人は単なる一個人でしかありません。法律なんて全く知らないことがほとんどでしょう。被疑者・被告人は，このように不利な立場に置かれていますが，孤立無援なわけではありません。被疑者・被告人には，**弁護人依頼権**があり，いつでも弁護人の援助を受けることができます。

身体の拘束を受けている被疑者・被告人が家族や友人と会うときは，常に職員が立ち会うことになっており，また，そもそも会うことが禁じられることもあります。それに対し，弁護人は，立会人なしで被疑者・被告人と面会できます（**接見交通権**）。いつでも必ず弁護人と面会できるわけではないものの，接見交通権は弁護人，被疑者・被告人双方の権利と解されており，不当な制限は許されません。

なお，逮捕された場合には，当番弁護士という制度があり，初回は無料で弁護士と面会することができます。

 まとめ ＜＜＜＜＜＜＜＜＜＜＜＜＜＜＜＜＜＜＜＜＜＜＜＜＜＜＜＜＜＜＜＜＜＜＜

裁判所は，法を適用することで終局的に解決できる当事者間の紛争を解決することを任務としています。裁判の種類として，民事裁判，刑事裁判，行政裁判があります。裁判所の種類として，最高裁判所，高等裁判所，地方裁判所，家庭裁判所，簡易裁判所があり，判決に不服があれば，上訴をすることができるようになっています。裁判所には，違憲審査権という強力な権限が与えられています。とくに，最高裁判所の憲法判断は最終的なもので，内閣や国会もその判断に従うべきと考えられています。最高裁判所は，人権を侵害するような法律が作られてしまったときに，それを違憲無効と宣言することで，人権を保障する最後の砦となることが期待されているのです。2009年から始まった裁判員制度では，ランダムに選ばれた一般市民が刑事裁判に参加します。裁判に対する国民の理解を深めるために導入された制度ですが，問題点もないわけではありません。裁判所は，犯罪の嫌疑をかけられた被告人の有罪・無罪を決める場所でもあります。国家の刑罰権と対峙する被疑者・被告人が不当な扱いを受けないよう，憲法は細心の注意を払っています。

さらに学びたい人のために

○デイヴィッド・S・ロー，西川伸一（訳）『日本の最高裁を解剖する──アメリカの研究者からみた日本の司法』現代人文社，2013年。

　　アメリカの比較憲法学者が，なぜ日本の最高裁は違憲判決をあまり出さないのかを分析した本です。最近は事情が少し変わってきたといわれることもありますが，日本の最高裁の保守性は世界的に有名で，外国の法律家は不思議に思うようです。その理由を，アメリカの読者向けに説明したものですが，日本人が読んでも多くの発見があります。

○大屋雄裕『裁判の原点──社会を動かす法学入門』河出書房新社，2018年。

　　法哲学者が，裁判とは何かを原理的に考察した本です。裁判では何ができて，何ができないのかを，日本の政治や社会の状況も踏まえて説明しています。「法学入門」というサブタイトルにもあるように，日本の裁判所がこれまで何をしてきたかについての良質な解説にもなっています。

○君塚正臣『司法権・憲法訴訟論（上・下）』法律文化社，2018年。

　　上下巻合わせて1,700ページを超える，司法権と憲法訴訟についての大部の研究書です。日本の学説がこの問題についてどのように議論してきたのかを一望することができます。通読するのは困難かもしれませんが，辞書的に用いることで，論点についての理解を深めることができると思います。

ルールはルール？
～ルールの合理性を審査する方法～

いわゆる校則や生徒心得の中には，不条理，理不尽に見えるものもあります。男子は全員丸刈り，女子の下着の色を細かく指定，法定年齢に達してもバイク免許の取得は禁止，などです。

こんなルールはおかしいな，と心の中では思っていても，校則に異議を申し立てるには，かなりの勇気が要ります。多少不合理でも，「ルールはルール（"the rules are the rules"）」である。こうした言い回しは，日本だけではなく，アメリカの生徒規律（校則）の問題の文脈でも登場します。*やりたいことや「自由」を主張する前に，しなければならないこと，「義務」を果たすべきだ，と言われたことのある人も，多いのではないでしょうか。

たしかに，社会の秩序を守るためには，「ルールはルール」である必要があることも事実です。さまざまなルールが課す義務をみんなが守ることで，私たちは安心して日常を過ごすことができます。すべてのルールの正当性や有効性をいちいち確かめなければならない社会は，不安定なものです。

もっとも，人間社会のルールは，過去に，誰かが，作ったものです。そして，ルール違反という形で人を陥れたり傷つけたりする人がいるのと同じように，ルールを作ることによって，他人をいじめたり差別したりしようとする人もいるのです。また，ルールを作った人にはそんなつもりはなくても，

一部の人には耐えがたいルールになっているような場合もあります。

日本国憲法は，国会や内閣が作る法律や政令といったルールが，憲法で保障された人権を侵害する，不合理なルールになっていないかどうかを，裁判所がチェックするように決めています（第98条）。これを違憲立法審査，司法審査といいます。憲法に違反する法令は，無効になります。校則も，公立学校が定めたものであるなら，憲法に違反する場合は，無効になります。

それでは，裁判官は，この違憲審査の権限を，何の制約もなく行使していいのでしょうか。今度は，この権限を悪用して，自分の気に入らないルールを無効にする裁判官が出てくるかもしれません。疑念は，尽きません。違憲審査権の行使にも，一定の法則や基準が必要である，と考えられています。

明治憲法には，違憲審査の仕組みはありませんでした。戦後，日本国憲法の下で，違憲審査の基準が問題になったとき，日本の憲法学は，違憲審査の長い伝統をもつアメリカを参考にしました。代表的なものが，違憲性を判断するときには，ルールを作った目的（立法目的，立法が追及する利益）と，その目的を達成するための手段について，よく考えてみよう，というものです。目的の正当性，手段の適切性，目的と手段の関連性などが問われます。

高校生の男子を一律に丸刈りにする

校則をモデルに，違憲審査の基準について考えてみましょう。なお，ここでは，髪型の選択は自己決定権の一部だ，ということを前提に話を進めます。

まずは，目的審査です。丸刈りの目的は，衛生と教育の2点から説明できそうです。理容師法を厚生労働省が所管しているように，不潔な頭髪は，シラミの発生源になります。学校は集団生活の場ですから，衛生には気を付けた方がいいでしょう。教育については，「非行」につながる「服装の乱れ」を防止し，勉強に集中させる，というものが考えられます。学校は教育機関ですから，生徒を勉強に集中させようとすること自体は正当でしょう。これらの目的は，一応，正当と言えそうです。

ときおり，表面上の目的とは別の，ルールを作った人（たち）の本音が隠されている場合もあります。丸刈り校則を作った先生は，実は，丸坊主の男の子が大好きなのかもしれません（「初恋」の相手が，惚れ惚れするような丸坊主だった，など）。このような不当な動機や目的が隠されていないかどうかにも，気を配りましょう。

次は，手段審査です。ここでは，衛生の維持や学習の効率化のために，男子を全員丸刈りにする，という手段が採用されています。家庭用の風呂が普及し，衛生観念も高まった現代の日本社会で，公衆衛生のために高校生を丸刈りにすることは，あまり合理的とは言えません。共学校の場合，男子だけが丸刈りというのも，差別的でしょう（女子も丸刈りにすべき，と言っているわけではありません）。教育面はどうでしょうか。髪の毛が短いと，シャンプーや整髪の手間はかかりませんが，その程度です。坊主頭の「不良」や悪党，茶髪や長髪の大学教授も，世の中にはたくさんいます。坊主頭がトレードマークの野球部でも，強豪校の中にも丸刈り強制をやめるところも出てきています。衛生や教育の目的を，丸刈り強制という手段で実現する必要性は，乏しいように思えます。

手段審査では，このように，目的達成のために別の手段がありそうな場合の扱いが，重要なポイントになります。一応正当な目的があれば，その達成手段としてどのような方法をとるのかを，ルールを作る側の判断に任せる場合，審査は緩やかなものになります。手段の合理性や，目的との適合性を厳しくチェックし，本当にもうこれしか手段がない，というものだけを認める場合は，かなり厳格な審査になります。

憲法学では，制約される人権の性質に応じて，裁判所が用いる審査基準を変えていくべきと考えています。表現の自由などの精神的自由には，より厳格な審査を，経済的自由には，緩やかな合理性の審査でよい，といった具合です。

注
* Black, D. (2016). *Ending Zero Tolerance : The Crisis of Absolute School Discipline*, New York University Press, pp. 159-160.

第 12 章

地方自治
―― 「教育委員会」は何をしているところ？ ――

● ● ● 学びのポイント ● ● ●

- 学校教育を支えている教育委員会の仕組みについて理解しよう。
- 教育の地方分権の意義について考えてみよう。
- 日本国憲法による地方自治の保障の内容を理解しよう。

<table>
<tr><td></td><td colspan="2" align="center">WORK</td><td colspan="3" align="center">学校教育に必要なヒト・モノ・etc.</td></tr>
</table>

WORK 学校教育に必要なヒト・モノ・etc.

① 学校教育が行われるために必要なものと，それに必要と考えられる費用を，以下の表に書き出してみよう。

	名　称	費　用
施　設	（例）25メートル屋外プール	約1億5,000万円（建設費）
備　品		
教職員		

【調べのヒント】

　学校教育に必要な費用は，文部科学省のウェブサイト（https://www.mext. go.jp/index.htm）の「予算」や「決算」に関するページなどで調べることができます。

② 自分の住んでいる地域（市町村と都道府県）の教育委員会の構成員や組織，仕組みについて調べてみよう。

【調べのヒント】

　県庁や市役所などのウェブサイト内の「教育委員会」や「子育て・教育」「学校教育」などのリンクをたどってみましょう。

● 導　入 ● ● ● ● ● ● ● ● ●

　教育委員会の仕組みは，教育の分権，教育の地方自治を目指した戦後日本の教育
制度の特徴の一つです。地方分権改革の中で，教育委員会にも大きな変化が起きて
いますが，その実態は，あまり理解されていないようにも見えます。学校教育を支
える教育委員会の仕組みを学ぶことを通じて，憲法の保障する地方自治についての
理解も深めていきましょう。

● ● ● ● ● ● ● ● ●

1　教育委員会制度

1　キョウイクイインカイ

　一昔前の学校ものや教師もののドラマや漫画では，生徒やその保護者が，
「キョウイクイインカイに訴えてやる！」と教師に対して言い放つシーンが見
られました。筆者がキョウイクイインカイ（教育委員会）という言葉を初めて
聞いたのも，そんなシーンを目にしたときだったように思います。

　この**教育委員会**は，最近では，いじめや体罰の問題が学校で起きたときに，
記者会見に登場することがあります。図12 - 1 のように記者会見で謝罪してい
るのを見て，学校や教師を監督している組織であることを，何となく理解して
いる人も多いのではないでしょうか。

2　教育委員会の組織と役割

　教育委員会は，地方教育行政法
（地方教育行政の組織及び運営に関する
法律）に基づいて，都道府県や市町
村に必ず置かれています（第 2 条）。
「委員会」という名前からわかるよ

図12 - 1　謝罪する教委
出所：朝日新聞社提供。

175

うに，教育長と，原則として4名の教育委員で構成される合議制の組織です（第3条）。教育長や教育委員は，人格が高潔で，教育や文化に詳しい人の中から，地方議会の同意を得て，市長や知事が任命します（第4条）。任期は，教育長が3年間，教育委員は4年間です（第5条）。

　日々の学校教育が円滑に行われるためには，何が必要でしょうか。教科書や副読本，安全で清潔な校舎や体育館，運動場も必要でしょう。送迎のスクールバスも必要かもしれません。これには，人件費や施設の建設費，維持費，つまりお金がかかります。教育委員会は，学校教育のための設備や人員を適切に管理，運営することを，その主な仕事にしています（第21条）。

　具体的には，公立学校（大学は除く）の教員の採用や異動といった人事や，教員の研修や福利厚生，校舎や設備の管理，カリキュラムや生徒指導についての指針を示すことなどです。人事（ヒト）や予算（カネ）を握っているために，教育委員会は，学校現場や教員に対して強い影響力を有しています。また，公民館などの社会教育施設や，公立図書館の管理のように，地方教育行政法以外の法令にも，教育委員会の仕事を定めているものがあります。

3　教育委員会の事務局

　たとえば，鹿児島県内には，公立小学校の教員だけでも，7,000人を超える人数がいます[*1]。公立の高校は約70校，中学校は約200校，小学校は500校以上もあります。これほど多くの学校や教員を，数名の教育委員と教育長だけですべてマネジメントしていくことは，もちろん不可能です。

　そこで，重要なことを教育委員会で決め，具体的な事務処理は，**教育委員会の事務局（教育庁）**が担っています（第17条第1項）。教育委員会の事務局は，公教育の裏方として，大事な仕事を担っています。事務局の職員の大半は，教員免許をもち，公立学校の教壇に立った経験もある人たちです。校長や教頭のような学校の管理職の教員は，都道府県や市町村の教育委員会事務局で，指導

＊1　鹿児島県教育委員会「平成30年度　教育行政基礎資料（平成31年3月）」。

主事や主査といった名称の役職を経験していることが多いです。

　一般に「キョウイクイインカイ」というときは，合議制の委員会の方ではなく，事務局の方を指していることもあります。また，委員会と事務局の両方のことを指して，教育委員会ということもあります。

2 教育委員会の意義

1 行政委員会制度

　教育委員会と名前が似た組織に，国や都道府県に置かれている公安委員会があります。教育を担当する教育委員会に対して，公安委員会は，治安の維持や交通安全といった仕事を担う警察を監督しています。教育委員会や公安委員会のように，複数の委員で構成される行政機関のことを，**行政委員会**といいます。

　行政委員会は，重要な仕事を話し合い（合議）で進めます。委員は任期中，身分も保障されます。教育委員も，任命するのは知事や市長ですが，特別な事情がない限り，任期中に罷免されることはありません（第7条）。

　民主主義社会では，投票で選ばれた知事や市長などの首長や，与党の国会議員でもあることが多い国務大臣には，大きな権限が与えられています。だからといって，政権を取った与党が，学校教育の場を使って，自分たちに都合のよい事実だけを子どもたちに教え込んでいくような国で，民主主義はうまくいくでしょうか。国務大臣の息子が飲酒運転をして交通事故を起こしたときに，警察官がわざとその事故を見逃したりするような社会は，安心して過ごせる社会でしょうか。行政委員会制度は，こうした政治的中立性が必要な分野の仕事を行政組織の中で分散して行わせること，つまり行政の分権を目的にしています。

＊2　**指導主事**：学校のカリキュラムや学習指導といった専門的事項の指導を行うために，教育委員会に置かれている職。

＊3　図12-1の写真で謝罪しているのは，教育長や事務局の職員である教育指導部長などであり，教育委員会の委員ではない。

　日本に教育委員会制度が導入されたのは，戦後，GHQ の占領下で日本社会の民主化が進められていたときでした。戦前の学校教育の制度は，現在のものとは大きく異なり，国は，校舎の建設や教科書の普及といった環境整備だけではなく，教育の内容や方法も一方的に決めることができました。権力者が「もっと戦争をしよう」と考えたときには，国語の教科書に勇敢な兵隊のエピソードをたくさん載せて，子どもたちの気持ちを戦場へと駆り立てることもできました。戦前の学校教育は，権力者の便利な道具として扱われていました。

　こうしたことへの反省から，戦後の民主化の中で，教育の分権が進められました。それまで国の一元的な支配下に置かれていた教育行政を，すべての地方公共団体に置かれる教育委員会に委ねることにしたのです。教育委員は当初，住民による直接選挙でも選ばれていました（1948年の教育委員会法）。ただしこの教育委員の公選制は，1956年に地方教育行政法ができたときに，任命制に改められました。

3　教育行政の役割分担

　学校の管理や教員の人事を地方公共団体の教育委員会が担っているのに対して，文部科学省（旧・文部省）は，学習指導要領や教科書検定制度を通じて，教育の水準を確保するための仕事をしているといわれます。教育を受ける権利はすべての人に保障される人権ですから，その保護は国の責任でもあります。

　教育委員会制度のルーツであるアメリカでは，地域によって学校教育の水準がかなり異なります。日本では，全国どこでも同じように高い水準の公教育が受けられるべきと考える人が多いようです。そのため，文部科学省は，教育内容や方法の決定にもかなりの影響力をもっています。

　実際に教育を担うのは，もちろん，学校現場です。文部科学省は，学習指導要領や教科書検定，施設整備の基準などを通じて，教育行政に強い影響力をもちます。この両者に挟まれた教育委員会は，存在感が薄いように見えるかもし

れません。教育委員会に対しては，審議の形骸化や，独立性の高さゆえの不透明性が指摘されています。また，事務局が身内（学校や教員）に甘い，といった批判もあります。

4　教育委員会制度の変容——最近の制度改正

　2014年に，教育委員会制度は大きく変わりました。それまで別々に置かれていた，委員会の長である委員長と，事務局のトップである（旧）教育長が，一人の（新）教育長に一本化されました。また，総合教育会議や教育振興の大綱といった仕組みを通じて，教育行政に関与する首長の権限が強くなりました（第1条の3，第1条の4）。

　制度改正の直接的なきっかけの一つが，滋賀県大津市の中学校で発生したいじめ事件[*4]です。この事件では，学校や教育委員会の無責任な対応が目立ちました。これからの教育委員会には，首長や議会，民意も踏まえつつ，（新）教育長のもとで，責任感をもって教育行政を担うことが期待されています。

3 地方公共団体

1　国と地方の役割分担

　教育委員会制度の意義としては，地方の行政組織を分権的なものにするだけではなく，国と地方との分権，**教育の地方自治**という面もあります。教育行政に限らず，多くの行政の仕事は，国と地方が分担しています。外交や金融などの仕事は国が，生活や地域に身近な仕事は，主に地方が担います。

　国の行政をつかさどるのは，内閣です。地方の仕事の担い手は，**地方公共団体**（**地方自治体，自治体**）です。地方公共団体は，教育や警察，福祉，公共事業など多くの仕事を担っています。地方公共団体の職員を，地方公務員と言いま

＊4　大津いじめ事件については，本書第2章を参照。

す。公立学校の教員は，特別な地方公務員です。

2 地方公共団体の種類

　市町村は，私たちに最も身近な，基礎的な地方公共団体です。基礎的，ということは，それよりも細かくは分けられない，ということです。市や町の中には，○○１丁目，とか，△△町といった地域があります。これらは法的には，その土地の名前や住所を示すもの，という以上の意味はありません。

　「区」は２種類あり，政令指定都市と呼ばれる大規模な市の中に置かれているものと，現在は東京都にのみ置かれる，いわゆる東京23区と呼ばれる特別区があります。前者の区は，政令市の仕事を進めるうえでの区画に過ぎません。

　後者の特別区は，選挙によって選ばれる区長や区議会議員が置かれています。最高裁は，当初，特別区は憲法上の地方公共団体ではないので，区長や区議会議員の公選制を廃止しても憲法の地方自治の保障には違反しないとしていました。現在では，特別区は基礎的な地方公共団体の一種だと考えられています（地方自治法第281条の２第２項）。

　基礎自治体である市町村に対して，広域的な地方公共団体である都道府県があります。日本の地方自治制度は，市（区）町村と都道府県という，二層構造といわれています。都道府県は，市町村では対応することが難しい，広い地域に関係する問題や，市町村同士の調整が必要な仕事を担当しています。

　市町村と都道府県のことを，普通地方公共団体といいます。その他の地方公共団体としては，一部事務組合や広域連合といった，地方公共団体の組合があります。耳慣れない言葉だと思いますが，実際には，意外と身近なものです。消防車や救急車の側面に，○○消防組合とか，□□広域連合消防署と書かれているのを見たことがあるかもしれません。消防や救急，ごみ処理などは，生活に不可欠な仕事ですが，規模の小さい自治体がバラバラに消防署やごみ処理場を運用すると，かなりの高コストになってしまいます。自治体は，人員や予算を出し合って，特定の仕事をするための団体を作ることができます。こうした団体を，特別地方公共団体と呼びます。数は少ないですが，組合立の高等学校

が置かれているところもあります。

■3　地方自治を支える法令

　地方公共団体の種類やその組織，仕事について定めているのが，地方自治法や地方財政法といった法律です。地方教育行政法は，教育行政に関する地方自治法の特別法でもあります。また，福祉や公共事業のためのさまざまな法律の中でも，地方の仕事について決めている部分が多くあります。地方の仕事に関する条文の数は，数え切れないほど膨大なものです。

　次節で見るように，日本国憲法は，地方自治を保障していますが，その具体的な内容は，法律に委ねています。近年，地方自治についても，大きな法改正や制度改革が次々と進められてきました。

4　地方分権の進展

■1　地方分権一括法——機関委任事務の廃止

　1999年に，地方分権一括法が制定されました。500近い数の法律を一気に改正・廃止したこの法律によって，国と地方の関係は，大きく見直されました。

　とくに，機関委任事務が廃止されたことが重要です。機関委任事務とは，地方公共団体の首長が，法令に基づいて国からその遂行を委任されていた事務のことです。こうした事務は，本来国からは独立した組織であるはずの地方公共団体が，国の「機関」（手足）として，国の命令に従って遂行すべきとされていました。もし国からの命令に従わない地方公共団体が出てきた場合，知事を首相が罷免する権限も認められていました。選挙で選ばれた知事や市長を，国の行政機関がその部下のように扱うことは，地方自治はもちろん，民主主義の観点からも問題があります。また，国の命令は全国どこでも同じようなものになりがちで，地域ごとの工夫をすることも困難でした。

2　自治事務と法定受託事務

　地方分権一括法は，機関委任事務を廃止しましたが，その対象になっていた仕事がすべて消滅したわけではありません。たとえば旅券（パスポート）の発行は，国と国との関係，外交に関することなので，外務省が担う仕事です。もし，パスポートが必要なときに，東京の霞が関にある外務省まで行かなければならないとしたら，これは大変面倒です。だからと言って，日本全国にパスポート発行のためだけに外務省の役人を配置することは，効率的ではありません。

　そこで，本来は国の仕事である旅券発行を，法律に基づいて，地方公共団体に代わりに担ってもらうことが認められています。こうした仕事を，法定受託事務といいます。機関委任事務とは異なり，これはあくまで自治体の仕事です。

　法定受託事務以外の自治体の仕事は，自治事務と呼ばれています。自治事務については，条例で自治体が定めることもできます。

　機関委任事務がそうであったように，従来，国は地方を自らの手足や部下のように扱うことが多くありました。地方分権一括法の理念は，国と地方の関係は対等であるべきというものです。

3　分権改革の中の教育委員会

　国だけではなく地方でも，トップのリーダーシップへの期待が高まっています。公教育の分野でも，知事やその下にある部署への権限の移行や集中が進められています。教育委員会制度は，廃止が検討されたこともあります。

　2019年には，地方分権改革の一環として，これまで教育委員会が担ってきた図書や博物館，公民館などの社会教育施設の運営を，自治体の判断で首長部局に移すことを認める法改正もなされました。

4　三位一体改革——財政の見直し

　2000年代に入ると，事務や権限の面だけではなく，財政の面でも国と地方の

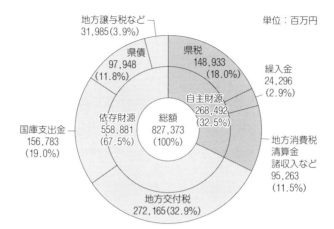

図12－2　2019年度の鹿児島県の歳入予算に占める自主財源の割合

注：端数処理のため，合計と内訳の計は必ずしも一致しない。
出所：鹿児島県ウェブサイト (http://www.pref.kagoshima.jp/ab07/kurashi-kankyo/zei/zaisei/zaisei1.html)。

関係が見直されるようになりました。行政の仕事を遂行するには，人を雇ったり，施設を立てたり，物品を買ったりしなければなりませんが，これらすべての裏付けになるのが，お金です。

　地方公共団体も国と同じように，毎年，歳入（収入）と歳出（支出）から成る予算を作成しています。地方公共団体の歳入は，住民税などの税収や公債などの借金によるものだけではなく，地方交付税交付金や国庫支出金といった，国が各自治体に分配しているものもあります。図12－2のように，歳入のうち地方公共団体独自の財源である自主財源が3割程度の自治体は少なくありません。

　2001年から2006年頃にかけて，財源の移譲，地方交付税交付金の削減，補助金の削減の3つの取り組みを一緒に行う，いわゆる「三位一体の改革」が行われました。3つのうち2つが「削減」であることからもわかるように，この改

＊5　「三位一体」という言葉は，もともとはキリスト教の用語だが，この政策と宗教は無関係である。ここでは，制度や官庁を超えた横断的な3つの改革を一体として行うことの比喩として，用いられている。

革は，地方が独自に集めることができる税金の額を増やす一方で，国が地方に配分していたお金をそれ以上に減らすものでした。

このとき大きく減らされた補助金の一つに，教員の人件費に関するものがあります。教育財政のうち，教員の給料を含む人件費はかなりの割合を占めています。特別支援学校などでは，在籍する児童・生徒の数よりも，教職員の人数の方が多いこともあります。そこで国は，義務教育費国庫負担制度を設けて，公立の小学校や中学校，特別支援学校などの教員の給与費の半分（2分の1），2001年は約3兆円を負担していました。その後改革によって，2006年度からは負担割合が3分の1に引き下げられ，現在は，毎年1兆5,000億円程度の支出になっています。残りの3分の2のうち，ほとんどは，都道府県が負担していて，「県費負担」ということもあります。

5 日本国憲法による地方自治の保障

1 地方自治の規定がなかった明治憲法

このように，国と地方の関係や，地方行政の中の首長と教育委員会の関係は，常に変化し続けています。もっとも，国に対して地方が一定の自主性や独立性を保つことや，地方のことは地方が決める，という地方自治の原則には変わりはありません。

明治憲法には，地方自治に関する規定はありませんでした。明治維新の目標の一つは，近世までの分権的な社会を，中央集権的な近代国家に組み替えることでした。地方行政は，内務省という中央の官庁に支配され，府県の知事も選挙ではなく，官による任命制でした。地方にも議会があり，少しずつ民主主義の仕組みが整備されましたが，その権限や活動は，現在と比べると非常に限定的でした。学校教育も，文部省が決めた政策を，内務省の指揮下にある地方の役人が実行しており，自治や分権の仕組みはほとんどありませんでした。

２　地方自治の本旨──団体自治と住民自治

　日本国憲法の第 8 章「地方自治」は，4 つの条文から構成されています。ま
ず，地方公共団体の組織と運営は，「地方自治の本旨」に基づいて法律で定め
るとされています（第92条）。地方自治の本旨とは，**団体自治と住民自治**である
と考えられています。日本のさまざまな地域には，それぞれの，その地域ごと
の問題があります。国からは独立した団体である地方公共団体は，自らの判断
で，地域の中の問題を解決していくことができます。この団体自治は，地方の
ことは地方が決める，と言い換えることもできます。住民自治の方は，地方公
共団体の運営は，そこに住んでいる市民（住民）が決める，という民主主義の
要請です。地方のことはその地方の住民が決める，ということです。

　国は，地方自治法や地方財政法などの法律を制定することで，地方公共団体
についてさまざまなことを決めることができます。ただし，団体自治と住民自
治を否定することは，憲法上禁じられています。憲法は，地方自治の制度を保
障している，といわれることもあります。

３　公選制の議会と長

　地方公共団体には，議事機関としての議会と，執行機関としての長が置かれ
ます。議会の議員や長は，その地方公共団体の住民による選挙で選ばれなけれ
ばなりません（第93条第 1 項，第 2 項）。現在の公職選挙法では，選挙権は18歳
から，被選挙権の下限は，25歳と30歳です。

　国の統治機構の場合，内閣総理大臣は，議会の多数派によって指名されるた
め，直接選挙で選ばれるわけではありません（議院内閣制）。国民の代表は，国
会議員であって，総理大臣や国務大臣ではありません。地方公共団体の場合，
議会の議員と長は，両方とも直接選挙によって選出されます。住民は，議員と
長の両方に代表されていると言えます（二元代表制）。

　知事や市長は，ときには大統領にたとえられるほど，強い権限をもっていま
す。また，役所（県庁や市役所など）の大勢の職員の手厚いサポートを受けて仕

事をすることもできます。これに対して，地方議会の議員の活動は，地方の政治でも見えにくいものです。大都市を別にすれば，議員の報酬や活動費も，それほど多額ではありません。首長を支持すれば「追認機関」，反対すれば「抵抗勢力」と批判されるなど，地方議会はその存在意義が問われています[＊6]。そして，地方議会議員のなり手不足も深刻です。2019年の統一地方選挙では，県議会や政令市の市議会の無投票当選の割合は，過去最高の26.9%でした[＊7]。

4 条例制定権

　地方公共団体は，その地域独自のルールである条例を制定することができます（第94条）。自転車ヘルメットの着用や，スマホのフィルタリングの有効化を義務付けるなど，身近な生活と関わるものから，公害を国の法令よりも厳しく規制するもの，銀行に特別な事業税を課すものまで，内容はさまざまです。

　地方公共団体は，自治事務だけではなく，法定受託事務についても条例を定めることができます（地方自治法第14条第1項）。国の法律を制定できるのは国会だけですが，地方公共団体の場合，議会だけではなく，首長にも条例制定権があると考えられています。さらに，直接請求の仕組みを使えば，住民も条例の制定・改廃を議会に求めることができます。そのため，地域のニーズに合ったルールを作りやすいといえるでしょう。一般的な情報公開制度は，国よりも先に，条例によって地方公共団体で立法化されていきました。

　条例は，「法律の範囲内」で制定されます。これは，現にある法律に違反するような条例を作ってはならないということです。それでは，関連する法律がない場合や，すでにある法律に規制を上乗せする条例はどうでしょうか。先述した銀行への課税は，国の法令よりも厳しい規制や負担を銀行に課すものであるとして，その合法性が問題となったこともあります。また，18歳未満の子どもの夜間外出を禁止し，性や暴力を扱う本を「有害図書」に指定している青少年健全育成条例のように，どこの自治体でも似たような内容をもった，共通性

＊6　辻陽『日本の地方議会——都市のジレンマ，消滅危機の町村』中央公論新社，2019年。
＊7　「統一地方選，無投票率過去最高の26.9%　41道府県議選告示」『毎日新聞』2019年3月29日。

の高い条例もあります。

5　地方特別法の住民投票

　ある特定の地方公共団体だけに適用される法律を作るとき，国会は，その自治体の住民投票で過半数の同意を得なければなりません（第95条）。この地方特別法の住民投票は，数少ない憲法上の直接民主主義の仕組みの一つです。

　ただしこの仕組みは，現在まであまり利用されていません。広島や長崎を平和都市，文化都市とするための立法で用いられたのが，その数少ない例です。在日米軍基地に関する法律は，基地の 3 分の 2 が集中する沖縄に特別な利害関係があると言えそうですが，地方特別法として制定されてはいません。

　こうした憲法上の住民投票だけではなく，現在では，地方自治法や条例に基づく住民投票も行われています。住民の身近な存在である地方公共団体では，長や議会の議員の選挙といった間接民主制の仕組みだけではなく，住民自らが政治を決めていく，直接民主主義の仕組みも重要になります。

 まとめ

　日本国憲法は地方自治を保障しており，市町村や都道府県といった地方公共団体では，公選制の議会や長，条例の制定，住民投票などを通じて，地方自治の本旨である団体自治と住民自治が実現されています。教育行政については，国の文部科学省に対して，地方公共団体には教育委員会が置かれており，教育の地方自治が認められています。ただし，地方分権改革や教育改革を通じて，教育委員会の組織や仕事も大きな変化の時期を迎えています。

 さらに学びたい人のために

○新藤宗幸『教育委員会──何が問題か』岩波書店，2013年。
　　行政学の専門家の著者は，この章で見てきたような教育委員会のシステムそのものに対して，かなり批判的です。教育委員会の事務局の人数構成の記述もあり，教員になったあとのさまざまなキャリア・パスを知るうえでも必見です。

○曽我謙悟『日本の地方政府──1700自治体の実態と課題』中央公論新社，2019年。

　「地方政府」とは，地方自治体の法的な構造や中央政府との関係だけではなく，住民のための公共サービスや地方経済にも注目した概念です。著者は，地方政府の歳入自治の必要性を指摘していますが，そのためには，課税権の行使に責任を負う政党政治の充実が，地方政治でも必要であるとしています。

○杉原泰雄『地方自治の憲法論──「充実した地方自治」を求めて（補訂版）』勁草書房，2008年。

　日本国憲法の国民主権について長年研究してきた憲法学者である著者が，中央集権的な現在の地方自治制度に替わる，直接民主主義の原理に支えられたあるべき地方自治の姿を提案しています。

第13章

平和主義
──「平和のうちに生存する権利」を考える──

・ ・ ・ ● 学びのポイント ● ・ ・ ・

- 憲法第9条成立の背景を学ぼう。
- 憲法の「平和主義」がどのような点で画期的であるかを理解しよう。
- 「平和的生存権」の性格と発展の可能性について学ぼう。

1. 戦時下の日常生活

戦争は私たちの日常生活にどのような影響を与えるのか，下のグラフを見て考えてみよう。

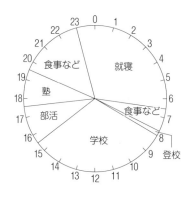

図A　現代のある中学 2 年生の一日

出所：ベネッセ教育総合研究所「第 2 回放課後の生活時間調査」2013年より筆者作成。

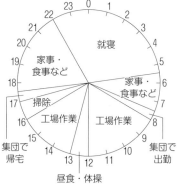

図B　1945年のある高等女学校の生徒の一日

出所：総務省「宇都宮市における戦災の状況（栃木県）」より筆者作成。

2. 戦時下の基本的人権

憲法によって保障されている基本的人権が，戦時にはどのように制限されるのかを考えてみよう。

人　権	制限される場面	制限される理由
表現の自由		
教育を受ける権利		
財産権		

● 導　入 ● ● ● ● ● ● ● ●

　日本国憲法誕生の背景には，第二次世界大戦（太平洋戦争）における日本の敗戦
があります。戦争は人が人として生きる権利，つまり人権が侵害される究極の場面
です。憲法は，前文と第 9 条において徹底した「平和主義」をかかげ，国内および
国際社会に向けて戦争との絶縁を謳っています。本章では，憲法が保障する「平
和」が，一体どのような内容をもち，また，いかにして確保できるのかを，「平和
的生存権」の観点から考えてみます。

● ● ● ● ● ● ● ● ●

1 第二次世界大戦における「戦場」

1 戦場に送られた若者たち

　第二次世界大戦において，日本を含む多くの国では，たくさんの若者が戦場
に送られました。たとえば，男子は17歳から兵役につかなければならず，志願
兵については14歳から20歳の若者が対象です。部隊の心臓部であるため爆撃の
対象となりやすい通信所に配置された少年通信士は15歳前後でした。ただし，
その若者らにとっての「戦場」はさまざまです。ペリリュー島，ルソン島，そ
して沖縄など，戦地の最前線たる数多くの「戦場」は言うまでもありません。
彼らの大部分はずっと遠くはなれた政府（軍部）の命令で否応なしに文字通り
の戦場に向かい，命を奪われました。戦争により命を奪われる，回復不能な心
身状態に陥ることは，人権侵害の極致だといえます。

　もっとも，命は長らえたとしても日本軍国主義に翻弄され，人権を侵害また
は否定された数多くの若者たちがいたのです。彼らにとっての「戦場」は日々
の生活，教室，工場などさまざまでした。[*1]

＊1　本章は日本国憲法の平和主義の背景として戦争における日本国内の犠牲者という視点を据えて
　　いるが，これと同時に日本によるアジア侵略という視点も忘れてはならない。日中戦争，太平
　　洋戦争において日本はアジア諸国に多大な犠牲を強いた。憲法の徹底した平和主義は，侵略戦
　　争に対する責任，反省という側面にも裏打ちされている。

2 子どもにとっての「戦場」──国民学校の設立

　1941年３月，「国民学校令」が公布され，日本の小学校は一斉に「国民学校」になりました。もちろん，これは単に看板が変わったわけではありません。それまでの小学校令の「目的」は「……道徳教育及国民教育の……普通の知識技能」を授けることとされています。これに対し，国民学校令は「皇国の道に則りて」初等普通教育を行うことが目的にかかげられました。「皇国の道に則」るとは，実質的には，天皇の国である日本が行う戦争の手助けをすることが国民の使命であり，これに従うことを意味していました。

　1937年７月から日本は日中戦争へと突入します。当時の政府はこれをアジアにおいて日本中心の新たな秩序を作り出すための「聖戦」であり，天皇の大事業であると説明します。国民は「聖戦」について政府（軍部）から物的・人的な動員を強制され，さらには精神面においても全面的な協力を要請されました。将来，戦争を担うことになる子どもたちの身体的育成は言うまでもなく，神聖化された天皇に尽くすという精神を教え込まれたのです。「なぜ？」という素朴な疑問をもつことやこれを批判することは決して許されず，国民学校は戦争のための徹底した身体的・精神的な国民づくりの場として機能します。

3 戦争のための教育

　このような発想は日々行われる授業科目の内容に端的にあらわれています。たとえば，「理数科」においては「皇国の使命を考え」ることが一つの「眼目」として設定されており，子どもの合理的な思考力・判断力を養うこと，あるいは自由な発想において学問を追求することは重視されません。また，「体錬科」は現在の学校でなされる「体育」に該当しますが，その趣旨は全く異なり，子どもたちの健康維持に配慮した科目ではありませんでした。武道（男子）と薙刀（女子）を行い，「国力の発展」と「国防」，つまり戦争の重要な人的資源として体力や精神力を養うことを強いられたのです（図13‐1）。

　教室の外でも子どもは自由を奪われました。国民学校では集団登校が義務化

し，個人単位で気の合う友人と自由な
スタイルで毎朝通学していた子どもた
ちは，突如それを禁止されます。登校
に際しては班単位で集合し，きちんと
二列に整列して班長を先頭に無言で歩
かねばなりません。先生が通り過ぎる
ときには班長の合図でいったん止まり，
全員で挨拶をすることが義務付けられ
ました。これを怠るとひどい体罰が待
っています。

図13-1　高崎高等小のなぎなたのけ
　　　　いこ（1940年）
出所：朝日新聞社提供。

4　職場も「戦場」――勤労挺身隊

　国民学校設立後も戦線は拡大し戦況は悪化します（もっとも，政府の情報操作
により当時ほとんどの国民はこれを知りませんでした）。軍部は「人的資源」をより
強く求めるようになり，兵役対象者を拡大していきます。こうして男性たちは
次々と戦地に送り込まれていきました。

　その結果，国内は労働力不足状態に陥り，これを補うため政府は子どもや女
性を中心にした勤労動員を行います。たとえば「女子勤労挺身隊」は戦時下の
女性に対する強制的な労働政策として有名です。その対象は未婚の16～25歳
（のちに14～25歳に変更）の女性で，彼女らの労働条件は大変厳しいものでした。
主な勤務地は軍需工業。溶接を含む重労働や，場合によっては毒ガス製造など
健康被害の著しい労働にも従事します。もちろん手袋やマスクなどあるはずも
なく，また，女性用トイレや更衣室もありません。劣悪な環境で戦争のための
労働を強いられ，多くの女性が心身ともに大きな被害を受けました。彼女たち
にとって職場は「戦場」そのものだったといえるでしょう。戦争は兵隊だけが
戦場で戦うのではないということを，改めて確認することができます。

2 平和主義：「平和のうちに生きる権利」をめぐって

1 日本の敗戦——ポツダム宣言の受諾

　こうして，大人も子どもも「総動員」した戦争は日本の敗戦に終わります。1945年8月6日には広島に，9日には長崎に原子爆弾が投下され，日本は同月14日「ポツダム宣言」を受諾したのです。ポツダム宣言は，日本に対して無条件降伏を要求した連合国首脳による宣言です。この宣言において，日本の徹底した非軍国主義化，平和化そして基本的人権の尊重などが要求されます。日本の新しい憲法はこれを基礎に制定されることとなり，1946年に現在の日本国憲法が公布されました。

2 日本国憲法第9条の世界史的な意義

　憲法第9条第1項は，「国権の発動としての戦争」「武力行使」「武力による威嚇」のすべてが，「国際紛争を解決する手段として」放棄されるとしています。続く第2項では「戦力の不保持」「交戦権の否認」を明記しています。

　国際紛争を戦争によって「解決」しないという戦争放棄の発想は，日本国憲法がはじめてではありません。戦争を法によって規制する歴史は長く，最も古くはフランス革命後の1791年憲法が征服目的の戦争放棄を明記しています。ただ，現実には戦争が止むことはなく，20世紀にはむしろその規模が拡大します。戦車や毒ガスなどに代表される軍事技術により未曾有の犠牲者を生み出した第一次世界大戦の悲惨な体験から，1919年に国際連盟規約が締結国に対し戦争に訴えることを制限します。さらに1928年の不戦条約では，国際紛争解決のため，および国家の政策の手段としての戦争を禁止しました。こうして戦争違法化の流れは着実に進行していたのです。

　日本国憲法は第9条第2項で目的（侵略・制裁・自衛）を問わず，すべての戦争を放棄し，一切の戦力を保持しない，交戦権も否定するという徹底した平和

主義を採用しました。これが日本国憲法の画期的な点です。**戦争放棄**（第1項）のみならば歴史的に先例があるため一般的な国際的ルールの確認にとどまります。しかし，第2項はこれを超えて，**戦力の不保持**まで明文規定しました。ここに日本国憲法の世界史的意義を確認することができます。[*2]

3 平和のうちに生存する権利

　日本国憲法の世界史的な意義は第9条にとどまるものではありません。前文は「政府の行為」による「戦争の惨禍（さんか）」を二度と起こさないとする国民の決意を確認し，「全世界の国民が，ひとしく恐怖と欠乏から免かれ，平和のうちに生存する権利を有すること」を宣言しています。対外的な侵略戦争，戦争を理由とした自国民への著しい人権侵害，そして核兵器の出現を経て，日本国憲法は平和のうちに生存する権利，すなわち，**平和的生存権**という従来の人権カタログには見られない人権を生み出しました。

　平和的生存権は平和を憲法上の保障を受ける人権として捉えます。そしてその「平和」の内容は「恐怖と欠乏から免かれ」て生存・生活する権利です。つまり，戦争が起こらない，他国と戦争をしないという消極的な意味を越え，平和の中で人間が人間らしく人生を送る，生活を営む権利だと考えられます。反対にいえば，戦争はあらゆる基本的人権の基礎を破壊し，一般市民に対して「恐怖と欠乏」に覆われた生活を強いるのです。平和的生存権はそのような事態からの絶縁を宣言していると考えられます。

4 平和的生存権の解釈

　平和的生存権は憲法前文に登場するもので，個別の人権条項（第3章；通称，人権カタログ）に明記される権利ではありません。そのため平和的生存権の権利性を否定する見解もありますが，憲法学説の圧倒的多数はこれを憲法上の人

---

*2　なお，憲法学説の多くもこの考え方，つまり第2項により一切の戦争が放棄されたとの説を採用している。

権とみなしています。

　前文上の平和的生存権が法的効力を有するということについては一致しているものの，平和的生存権の性格については見解の違いが見られます。たとえば，憲法第13条の「個人の尊重」を「個人に優越する権威・価値をみとめない」ものと解し，これを平和主義，国民主権，基本的人権尊重の結節点である平和的生存権の具体化とみる立場や，第9条を平和的生存権の客観的制度保障規定とし，他方で第3章の人権条項を組み合わせ，各個別的基本的人権の中に平和的生存権（主観的な権利）を読み取ろうとする立場などがあります。平和的生存権の機能として，たとえば徴兵制は第18条の奴隷的拘束および苦役からの自由，第19条の思想・良心の自由，第22条の居住移転・職業選択の自由と連動し，平和的生存権を侵害すると評価され得ます。また，軍事研究の強制は平和的生存権の学問や教育の領域（第23条，第26条）における侵害となり得ます。軍事目的のために強制的に私有財産等を収用することは，第29条の財産権とともに，経済的な生存基盤を侵害するものとして平和的生存権に抵触すると考えられるでしょう。

5　憲法第9条と自衛隊──政府による解釈の変遷

　自衛隊と憲法第9条の整合性については，これまでどのような説明がなされてきたのでしょうか。

　憲法施行のわずか3年後の1950年，朝鮮戦争が勃発し，これをきっかけに自衛隊の出発点である**警察予備隊**が組織されます。当時の政府はこれを「あくまで警察を補うもの」であり，憲法上問題ないと説明しました。ところが，1952年に警察予備隊が**保安隊**と**警備隊**に改組され装備が増強されると，「警察だから合憲」という説明はできなくなり，政府の見解が変わります。第9条第2項で禁止された「戦力」を「近代戦争遂行に役立つ程度の装備，編成を具するもの」とし，保安隊等の装備編成がこれに当たらず，戦力には該当しないという「論理」をもち出したのです。なお，1951年にサンフランシスコ講和条約により日本は「独立」し，同時にアメリカとの間に**日米安全保障条約**（旧日米安保）が結ばれました。これに基づいてアメリカ軍の駐留継続や基地提供が取り決め

られることとなり，日本の再軍備がより強力に推進されたのです。駐留アメリカ軍が第9条に違反するのではないかという点は，1959年3月30日の東京地裁判決および同年12月16日の**砂川事件最高裁判決**で争われました。前者においては憲法第9条第2項に照らして米軍駐留は「違憲」と判断されましたが，後者では旧日米安保条約のような「高度の政治性」をもつ事柄については司法裁判所の審査にはなじまないとしつつ，米軍駐留を「憲法の趣旨に適合」し，「違憲無効であることが一見きわめて明白であるとは，到底認められない」として前者の判断をくつがえしました。

1954年に結ばれた日米相互防衛援助協定で日本は軍備増強をアメリカと約束し，この年に，「直接侵略及び間接侵略に対しわが国を防衛することを主たる任務」とする**自衛隊**が発足します。当時の政府（鳩山一郎内閣）は，第9条は自衛権を否定するものではなく，「自衛のための必要最低限度」を越えない実力は「戦力」にあたらない「自衛力」であり，この「実力」にとどまる自衛隊は憲法上問題ない，すなわち合憲であると解しました。この解釈は現在も自衛隊を合憲とする論理として維持されていますが，一体「自衛力」とは何を指すのか（「戦力」と何が異なるのか），「自衛のための必要最低限度」のラインは不確実ではないかなど，多くの批判があります。

6　平和的生存権と自衛隊

こうして自衛隊の存在それ自体は政府の解釈によって第9条に抵触しないとみなされました。しかし，実はこのような政府の見解を平和的生存権の観点から否定した裁判例があります。1973年9月7日の**長沼ナイキ基地事件札幌地裁判決**（長沼事件）です。

航空自衛隊のミサイル基地建設のため，当時の農林大臣が北海道夕張市長沼町の馬追山（水源涵養保安林）について保安林の指定を解除しました。長沼町の住民は昔から水害に悩まされており，馬追山の保水力が基地建設（保安林指定

＊3　**自衛権（個別的自衛権）**：外国からの攻撃・侵攻に対して自国を防衛する権利を指す。

解除）により喪失し，洪水などの災害に遭うことを危険視しました。このような背景から，住民たちは自衛隊が憲法違反であることを理由に，保安林指定解除の取消を求めて提訴したのです。

　札幌地方裁判所の裁判官（福島重雄裁判長）は，自衛隊の基地があることにより，基地周辺住民が相手国からの攻撃対象となり，彼らの平和的生存権が侵害されると判断しました。さらに，保安林制度の目的について，これを憲法上の権利である平和的生存権の保護を基礎にすえて解釈するべきだとしたのです。ここでいう平和的生存権は環境権（良好な環境を享受する権利）的なものを含む広い意味のそれだと考えられます。そして自衛隊の編成，規模，装備などからすれば，自衛隊は軍隊であって第9条第2項の禁止する「戦力」に該当し憲法違反であると判断しました。

　この裁判は史上はじめて平和的生存権を裁判で用いることのできる憲法上の権利である（＝裁判規範性を備えた権利）と明言し，かつ，その中身についても基地周辺住民が戦争に巻き込まれる危険性や，基地建設による環境上の問題など，より具体化している点が特徴的です。しかしながら，二審（札幌高等裁判所）および最高裁判所では，自衛隊についての憲法判断は回避される結果となりました。

3　いま，憲法第9条と平和的生存権は？

1　自衛隊の「活発化」

　第9条第2項により自衛権を含む一切の戦争が放棄されたという見解につき，政府は独自の解釈でこれを乗り越え，自衛隊の存在を合憲だとしました。他方，長沼事件は平和的生存権を憲法上の権利とみなし，自衛隊を憲法に反するものとします。しかし，その後自衛隊について違憲とする判決はなされず，自衛隊は活動を継続し，むしろその規模は拡大傾向にあるといえます。

　1960年代，日本政府は「日本の自衛隊が日本の領域外に出て行動することはない」と明言していました。ところが，1991年の湾岸戦争を経て自衛隊の行動

範囲は拡大し，海外へとひらかれていきます。自衛隊は自衛のための組織であるため，海外にまで派遣されることの理由付けは簡単ではありません。これに対し政府は「他国による武力の行使と一体化するものでなければ憲法上ゆるされる」と説明しました。こうして1992年に「国際連合平和維持活動等に対する協力に関する法律」（PKO協力法）などの法律を制定し，**自衛隊の海外派遣を**法的に認めていくこととなります。PKOと呼ばれる平和維持活動はもともと，東西冷戦下で国連による集団安全保障が機能しない中，紛争当事者の要請と同意のもとに，停戦監視や紛争の再発防止などを任務とする中立的な活動として生み出されました。PKOは，PKFと呼ばれる平和維持軍という軍事組織によってその任務が遂行されます。冷戦が終結し，PKOは原則や機能において変質しましたが，日本政府は「平和維持」（軍事力を行使しない）活動であることを強調し，これに参加することを法的に承認したのです。ただし，停戦合意の成立や中立的立場の厳守等をPKO参加の「五原則」とすること，武力行使と一体化するおそれがあるPKF本体業務への参加を「凍結」し，軍隊の武装解除の監視等には参加しないこと，という2つの条件が付けられていました。PKO協力法によって自衛隊の活動はカンボジアを皮切りに，ゴラン高原，東チモール，南スーダン等，世界各地に拡大していきます。

　2001年9月のアメリカ同時多発テロ事件以後は，アメリカ軍を中心とする多国籍軍を支援する一連の法律が整備されていきました。2001年10月にテロ対策特別措置法が制定され，これに関連し，PKO協力法が改正されます。この改正では，憲法上認められないという従来の政府見解を変更し，PKF本体業務が実施可能（「解凍」）となったことに注意が必要です。さらに，2003年3月にはイラク戦争がはじまり，日本はこれに協力する姿勢を示します。そして同年7月には「イラクにおける人道復興支援活動及び安全確保支援活動の実施に関する特別措置法」（イラク特措法）が成立し，翌年からアメリカ軍などを支援するために，自衛隊がイラクへと派遣されることとなりました。

　こうした事態を受け自衛隊の活動について憲法違反が主張されます。現地で多くの一般人が殺されているイラク戦争に日本が加担することは憲法上許されず，自衛隊派遣は戦争や武力行使をしない日本において生存する権利＝平和的生存権を侵害しているとして，多くの市民グループが訴訟を起こしました。

　この裁判をめぐっては，2008年4月17日のイラク派遣差止訴訟名古屋高裁判決（青山邦夫裁判長）が大きな注目を集めました。本判決は，イラク戦争の実態や自衛隊の活動についての綿密な事実認定をもとに「……輸送等の補給活動もまた戦闘行為の重要な要素であるといえ……多国籍軍の戦闘行為にとって必要不可欠な後方支援」とし，武装兵員の空輸を「他国による武力行使と一体化した行為」だと判断します。そしてこれがイラク特措法第2条第2，3項，および憲法第9条第1項に反すると判断しました。

　さらに，この判決は平和的生存権について以下のように述べます。平和的生存権は「全ての基本的人権の基礎にあってその享有を可能ならしめる基底的権利」であるため，憲法上の法的な権利として認められるし，裁判規範性を有している。そして，その内容として「現実的な戦争等による被害や恐怖にさらされるような場合」，あるいは「憲法第9条に違反する戦争の遂行等への加担・協力を強制されるような場合」にも平和的生存権の侵害となる可能性があることが承認されました。第2節で学んだ長沼事件と比べ，平和的生存権をめぐる権利の内容がより拡張されている点が大きな特徴だといえます。

3　　イラク派遣差し止め訴訟から考える⑵──2009年岡山地方裁判所判決

　同じく自衛隊のイラク派遣の差し止めを求めた訴訟（2009年2月24日岡山地裁〔近下秀明裁判長〕）では，平和的生存権の性格と内容についてより踏み込んだ判断を行いました。

　まず，平和的生存権に裁判規範性があることが改めて確認されます。平和的生存権が具体的権利性に欠けるという主張に対しては，そもそも憲法上の基本

的人権規定は抽象的かつ不明瞭な性質をもっており，「基本的人権は，歴史的
に生成し，発展するものである」としました。つまり，「抽象的だ，だから権
利として考えられない」という発想は採用できず，また，平和的生存権を含む
基本的人権は，はじめからコレだ！という中身をもつものではなく，多くの事
例や理論の蓄積によって豊かになり，発展するという性格であると示しました。

　本判決は平和的生存権の中身として，徴兵拒絶権，良心的兵役拒絶権，軍需
労働拒絶権の「基本的自由権」3つを具体的にあげて，平和的生存権の内容を
より具体的なものにしようとします。ただし，これら権利の内容は必ずしも明
白ではありません。徴兵拒絶権と良心的兵役拒絶権との違いは少なくとも本判
決では明らかにされていませんが，前者は憲法第18条「苦役からの自由」に関
係し，後者は第19条「思想・良心の自由」に関係する宗教的な信念を含むもの
と考えられます。いずれにせよ，「抽象的」な平和的生存権の「発展」を試み
た裁判例の一つだといえるでしょう。

４　集団的自衛権の行使容認

　2000年代には自衛隊の活動（イラク派遣）について，その一部が裁判所によ
って第9条や平和的生存権の観点から憲法上認められないとされました。しか
し，それでもなお政府の姿勢は変わらず，自衛隊の活動は2014年以降さらに拡
張されていきます。自衛権の行使が憲法上問題ないとしても，行使される自衛
権の内容について，政府は長年にわたり**集団的自衛権**[*4]の行使は憲法上できない
と解してきました。「自衛のための最小限度の実力は合憲」という政府の解釈
につき，自国を防衛するという個別的自衛権のみが憲法において認められると
説明されてきたのです。政府は自衛権を容認しつつ，しかしその行使について
は第9条があるため最小限度にとどまるべきであり，集団的自衛権は憲法上そ
の行使はできないと説明してきたのです。

　ところが，2014年7月1日，安倍晋三内閣はこれを閣議決定により変更し，

＊4　**集団的自衛権**：自国と密接な関係のある外国に対する武力攻撃を，自国が直接攻撃されていな
　　いにもかかわらず，実力をもって阻止する国際法上の権利を指す。

集団的自衛権の行使を解禁しました。そしてこれに基づいて2015年9月には安保法制が成立しました。安保法制とは，国際平和支援法の制定と，自衛隊法やPKO協力法など10本の法律を改正したその総称です。安保法制によって集団的自衛権の行使が法制化され，また，海外での外国に対する軍事支援が強化（これまでの規制が緩和）されました。

第9条それ自体は一字一句たりとも変わっていません。それにもかかわらず，時の政権がその解釈について大幅な変更を行ったため，今まで以上に第9条と政府の政策との整合性が鋭く問われることとなります。集団的自衛権の行使を認めたこと，これを追認する法律を制定したことについて，これに強く反対する数多くの市民が連日デモを行うなど大きな運動に発展しました。

5 平和的生存権の発展可能性──「不断の努力」

日本国憲法が保障する平和的生存権は，政府が戦争をしないという消極的な意味を越え，物的・精神的な戦争への加担を強いられない，戦争の影に怯えずに生活を送ることができる等，多様にわたるレベルで人が人間らしい生活を営むための基礎的な権利であるといえます。基本的人権が徹底的に否定された戦争およびその準備をめぐる，国内外の数多くの人々の体験が平和的生存権を生み出したことを決して忘れてはなりません。

憲法第12条は憲法が保障する自由と権利について「国民の不断の努力によつて」保持するものと規定しています。国民が投票を終えた後もエンジンのかかった政府に目を光らせ，自らの権利が不当に侵害されることのないよう用心することを憲法は期待しているのです。平和的生存権についても，戦争や軍備に関する政府の諸政策がこの権利実現に資するものであるか，あるいは侵害していないかを常に点検する必要があります。このような「不断の努力」によって私たちはこの権利を維持すると同時に，育てていかなければならないのです。

＊5　正式名称は「国際平和共同対処事態に際して我が国が実施する諸外国の軍隊等に対する協力支援活動等に関する法律」という。

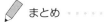 まとめ ・・・

　「戦争の惨禍」を経て制定された日本国憲法は，第 9 条第 2 項の戦力不保持により，他の国にも例をみない徹底した平和主義を採用するに至りました。さらに前文を根拠とした平和的生存権により平和は人権と観念され，その中身は市民の長年にわたる努力により充塡され続けており，より具体的な形で発展している点も重要です。集団的自衛権行使の容認を前提とした安保法制成立後，これが平和的生存権に照らして違憲であるとして各地で訴訟がなされています。平和的生存権を活かせるかどうかは，私たち国民の手にかかっているといえるでしょう。

・・・

 さらに学びたい人のために

○こうの史代『この世界の片隅に（上・中・下）』双葉社，2008–2009年。

　　2008年から2009年にかけて発刊された漫画で，2016年と2019年に映画化されました。18歳で広島市から軍都の呉市に嫁いだすずを中心に描かれる第二次世界大戦中から敗戦直後の物語。焼夷弾・時限爆弾などの空襲，原爆投下など，戦争によって起こった理不尽な出来事の連続とともに，それでも続いていくすずとその家族の「日常」を描いています。

○小林武『平和的生存権の弁証』日本評論社，2006年。

　　政府の軍事的行為に反対した市民による一連の訴訟に関し，この訴えを支持する形で著者が執筆した第 9 条と平和的生存権をめぐる諸論考が収められています。平和的生存権の法規範性や憲法解釈論が広汎かつ綿密に論じられ，本章でも扱ったイラク派遣訴訟に関し，当時係争中であったこの事件への意見書を基にした論考も掲載されています。なお，本書の最後は沖縄の米軍基地問題を平和的生存権から論じています。

○水島朝穂『平和の憲法政策論』日本評論社，2017年。

　　日本国憲法の基本原理を軸に憲法からみて望ましい政策や法律の提唱を行う「憲法政策論」の観点から，現前する「軍事的なるもの」の肥大化にいかに向き合うかを問う一冊です。その対象は幅広く，「7.1閣議決定」や日米安保条約はもちろんのこと，「緊急事態条項」や自衛隊の災害派遣，「海賊」問題などを含み，それぞれ綿密な分析を基に規範の側に現実を近づける試みがなされています。

第14章

憲法改正
——18歳の投票権・選挙権——

• • • ● 学びのポイント ● • • •

- 憲法改正には，どのような手続が必要になるか，考えてみよう。
- 18歳の投票権や選挙権について，権利を十分に行使するためには，どのような教育が重要となるか，考えてみよう。
- 地方自治では，なぜ住民投票が重視されるのか，考えてみよう。

WORK　みんなの投票で決められること

1．日本の直接民主制

　現在の日本には，住民投票や国民投票といった直接民主制の仕組みがどのくらい存在しているのか，調べて書き出してみよう。

2．国民投票では何を決めることができる？

　スイスでは，さまざまなテーマが，直接民主制の仕組みで決められています。

近年のスイスの国民投票における主なテーマと結果

年	テーマ	投票率 (%)	結果	賛成票の割合(%)
2018	中央銀行の通貨創造権の独占	－	否決	24.3
2017	脱原発と省エネの推進	42.3	可決	58.2
2016	ベーシックインカム（最低所得保障）の導入	46.3	否決	23.1
2015	奨学金制度の統一	43.5	否決	27.5
2015	公共放送受信料の徴収対象を全世帯に拡大	43.6	可決	50.1
2014	飲食物の付加価値税の統一	－	否決	28.5
2013	国民皆兵（兵役義務）の廃止	－	否決	26.0

出所：スイス公共放送協会の国際部のウェブサイト（https://www.swissinfo.ch/jpn）より筆者作成。

① 　スイスの例を参考にしながら私たちの生活と関わる問題の中で，住民投票などの直接民主制によって決定した方がよいと思われることについて考えてみよう。

② 　①で考えたことを，グループで話し合ってみよう。

● 導 入 ● ● ● ● ● ● ● ●

　日本では長い間，投票に行くことができるのは，20歳以上の人に限られていまし
た。しかし，2007年に，憲法改正をめぐる国民投票について，18歳以上の人にも投
票権が認められました。さらに，2015年には，国会議員，都道府県知事，地方議会
議員の選挙についても，選挙権年齢が18歳以上に引き下げられています。そのうえ，
地方自治体で行われる住民投票では，18歳未満の住民にも投票権を認める場合が出
てきています。

　それでは，憲法改正や住民投票のように，市民が直接政治を決定することは，ど
のように位置付けられるのでしょうか。また，その決定には，どのような手続や制
度が必要となるのでしょうか。とくに20歳未満の市民が投票を行う際には，どのよ
うな教育が重要となるのでしょうか。

● ● ● ● ● ● ● ●

1　日本国憲法と直接民主制

1　代表民主制

　日本国憲法の三大原理として，平和主義や人権尊重と並んで，**国民主権**があ
げられます。それでは，国民主権とは，どのようなものでしょうか。まず，こ
の点について，憲法の規定を確認してみましょう。

　日本国憲法前文は，日本国民は正当に選挙された国会における代表者を通じ
て行動し，国家権力は国民の代表者が行使するとしています。さらに，第43条
第1項は，衆議院と参議院について，両議院は全国民を代表する選挙された議
員で組織するとし，第51条は，両議院の議員は，議院での演説・討論・表決に
ついて，院外で責任を問われないとしています。

　これらの条文からは，日本国憲法は，**代表民主制**を採用しているということ
がわかります。まず，国家権力は国民に由来しますが，実際に権力を行使する
のは選挙された議員です。さらに，議員は国民全体を代表するので，特定の地
域や利害には拘束されません。しかも，議員には**免責特権**が認められますので，

国民から特別に責任を追及されることもありません。

2 直接民主制

しかし，国家権力は国民に発しながらも，国民には帰ってこないとするのは，本末転倒ではないでしょうか。日本国憲法も，一定の場合には，国民が国家権力を直接行使することを認めています。次に，この点について確認してみましょう。

第15条第1項は，公務員を選定し罷免することは，国民固有の権利であるとしています。次に，第95条は，国会が特定の地方公共団体のみに適用される特別法を制定する場合には，その地方公共団体において住民投票を実施し，過半数の同意を得なければならないとします。さらに，第96条は，憲法改正について，国会は各議院の総議員の3分の2以上の賛成で発議し，国民投票において過半数の賛成を得なければならないとしています。

これらの条文からは，日本国憲法は，**直接民主制**をも採用しているということがわかります。国民は公務員を選定し罷免する権利を有しています。この権利に基づき，とりわけ地方自治と憲法改正については，国民が直接意思を表明することが重要となります。ここでは主権者の意思が代表者の意思に優位することになります。

このように憲法は代表民主制と直接民主制を採用しています。両者のいずれを重視するのかは，日本の統治機構を構想するうえで，非常に重要な論点となります。しかし，直接民主制を強調するにしても，国民が有効に意思を表明するためには，適切な手続を整備する必要があります。

2 憲法改正

1 憲法第96条の内容

憲法は基本的人権を保障し，国会の制定する法律や，行政の行う処分に優位

しますので，容易に改変すべきではありません。しかし，社会の変化に合わせて，憲法の規定を変更することも重要となります。この2つの要請を満たすために，憲法改正には，通常の法律よりも厳格な手続が用意されています。

憲法第96条は**憲法改正手続**を定めています。その手続は次のとおりです。国会は，衆議院と参議院の各議院で，総議員の3分の2以上が賛成した場合に，憲法改正案を発議します。憲法改正案は，国民投票において，国民の過半数が賛成した場合に成立します。天皇は国民の名で憲法改正を公布します。

2　憲法第96条の論点

憲法の規定する手続は以上の通りですが，実際に憲法を改正するためには，より詳細な手続を整備する必要があります。その際には，次の点が問題となります。

まず，国会発議に関連して，改憲原案を発案するのは，議員に限られるのでしょうか。それとも，内閣も含まれるのでしょうか。大臣の過半数は国会議員となりますので（憲法第68条），この議論に実益はないともいえます。しかし，改憲案を作成する際には，現行憲法について，現在の条文はどのようなものであり，なぜ改正する必要があるのかを判断することになります。この判断は，内閣ではなく，国会によってなされるべきであると考えられます。

さらに，各議院の総議員とは，法定の議員総数（欠員を含む）でしょうか。それとも，現在の議員総数（欠員を含まず）でしょうか。欠員数を反対票に数えることは不合理ともいえますが，憲法は容易に改変すべきではありませんので，発議要件を厳格にすることによって，慎重な審議を確保する必要があると考えられます。

また，国民承認に関連して，過半数の分母とは，有権者総数（棄権者を含む）でしょうか。それとも，投票総数（無効票を含む）でしょうか。あるいは，有効投票総数（無効票を除く）でしょうか。棄権者や無効票を反対票とすることは不合理ともいえますが，憲法改正は国民の意思が直接表明される重要な局面ですので，多数の国民が多様な意見を表明することが重要となります。

3 憲法改正手続法

　戦後日本では長期にわたり自民党が政権を担ってきました。しかし，自民党は自主憲法の制定を党是としていますので，現在の憲法を擁護する人々は激しい護憲運動を展開してきました。そのため，憲法改正手続を整備する法律は，長らく制定されませんでした。しかし，**2007年には日本国憲法の改正手続に関する法律**（**憲法改正手続法**）が制定されました。次に，この法律について，検討してみましょう。

　同法では，改憲原案を発案するのは，議員と憲法審査会であるとされています（第151条）。議員は，衆議院では100人以上，参議院では50人以上の賛成が必要となります（国会法第68条の2）。また憲法審査会とは，各議院に設置され，憲法改正を審議する常設機関のことですが，委員の過半数で改憲原案を発案することができます（同第102条の7）。なお内閣の発案権は明記されませんでした。また発案は，一括して行うのではなく，関連する内容ごとに区分して行うとされています（同第68条の3）。

　原案は各院の憲法審査会で審議され，国会で最後の可決がなされた場合に，国民に発議されることになります（同第68条の5）。この可決について，必要な総議員の範囲は明記されていませんが，法定の議員総数が必要になると解されます。通常の法案を議決する際にも，法定の議員総数が前提とされていますが，憲法の改正について異なる取り扱いをする必要はありません。

　国民投票は，国会発議から60日以後180日以内で，国会が議決した期日に行われます（憲法改正手続法第2条）。また改憲案の広報のために，広報協議会が国会に設置されます。協議会は衆参両院の議員10人ずつの計20人で構成され（同第12条），国民投票のための公報活動を行います（同第14条）。とくに改憲案を説明し，賛成意見と反対意見を掲載した原稿を作成し（同条第1項），投票日10日前までに各世帯に配布するとされています（同第18条第4項）。

　投票方式は，改憲案ごとに一人一票で（同第47条），賛成または反対の文字を〇で囲むものとなります（同第57条）。賛成票が有効票数（賛成票と反対票の合計数）の2分の1を超えた場合には，改憲案が国民に承認されたことになります

（同第126条）。国民投票に異議がある投票人は，告示日から30日以内に東京高等裁判所に訴訟を提起することができます（同第127条）。もっとも，同裁判所が国民投票を無効とすることができるのは，国民投票の結果に異動を及ぼすおそれがあるときに限られます（同第128条）。

　以上が改憲手続の概要となります。それでは，その内容は，適切なものとなっているのでしょうか。

4　憲法改正手続法の問題点

　憲法改正手続法には，その制定にあたって，法律の内容が十分に審議されなかったため，18項目にも及ぶ付帯決議[*1]が付けられています。このことからも理解されるように，現在の改憲手続では，市民の間で十分な議論が確保されないまま，安易に憲法を改正することが可能となっています。最後に，この問題について，検討してみましょう。

　①国会発議に関する問題

　まず，国会発議に関連して，憲法第96条は各院の特別多数の賛成を要件としていますが，とくに衆議院が参議院に優越することは規定していませんので，[*2]両院は憲法改正について対等で自立的に判断することができます。しかし，現在の手続では，各憲法審査会は合同審査会を開催し，改憲原案を共同で作成のうえ，各憲法審査会に勧告することができます（国会法第102条の8）。また改憲原案について，一方の議院で可決されたものが他方の議院で否決された場合には，一方の議院は両院協議会の開催を求めることができます（第86条の2）。これらの両規定は，改憲原案を一方的に強制することを可能にするため，憲法に違反しています。

[*1]　**付帯決議**：法案を可決する際に，施行細則や解釈基準について意見や希望を表明する決議のことで，法的拘束力は有さない。

[*2]　憲法では，法律の成立（第59条），予算の議決（第60条），条約の承認（第61条），首相の指名（第67条第2項）について，衆議院の意思が参議院の意思に優越するとされている。

②国民投票に関する問題

　次に，国民投票運動に関連して，市民が改憲について議論する期間は，60日から180日と短く設定されています。さらに，市民が議論の際に参照する情報は，広報協議会によって伝達されたものですが，協議会は改憲を発議した国会に設置されますので，改憲に反対の意見を中立的に伝達することはできません。しかも，国民投票運動のための広告放送は，投票日前の14日間は禁止されていますが（憲法改正手続法第105条），それ以前はいかなる規制も科されていません。活字メディアに至っては，完全な野放し状態となっています。マスメディアに広告を出すことができるのは，潤沢な資金を有する主体に限られますので，市民の得る情報は公平なものとはなりません。

　さらに市民には多くの規制が科されています。まず，公務員や教育者は，自己の地位を利用した国民投票運動が禁止されています（同第103条）。この違反に罰則は規定されていませんが，国家公務員については，国家公務員法第102条第1項および人事院規則14-7によって，地方公務員については，地方公務員法第36条によって，政治的行為が禁止されていますので，懲戒処分が科され，とりわけ国家公務員については，3年以下の懲役または100万円以下の罰金が科される危険性があります（国家公務員法第110条第1項第19号）。さらに，憲法改正手続法第109条では，組織的多数人買収および利害誘導罪が規定されていますが，この運用次第では，改憲に反対する市民運動が処罰される危険性もあります。

　最後に，国民投票に関連して，現在の改憲手続では，必要な過半数の分母は有効投票総数とされ，最低投票率制度も設けられていませんので，投票に参加する国民が極小であっても，憲法を改正することが可能となっています。なお，表14‐1によれば，衆参ともに最近の投票率は50％前後と低迷しています。憲法改正においては，多数の国民が投票することが重要となりますが，改憲の内容だけでなく拙速な発議について反対することも考えられますので，多数の国民が多様な意思を表明する制度を設計する必要があります。この点で現在の手続には重大な問題があります。

表14-1　最近の投票率の推移

衆議院議員総選挙			参議院議員通常選挙		
回	投票日	投票率(%)	回	投票日	投票率(%)
第48回	2017(平成29)年10月22日	53.68	第25回	2019(令和01)年 7 月21日	48.80
第47回	2014(平成26)年12月14日	52.66	第24回	2016(平成28)年 7 月10日	52.61
第46回	2012(平成24)年12月16日	59.32	第23回	2013(平成25)年 7 月21日	54.70
第45回	2009(平成21)年 8 月30日	69.28	第22回	2010(平成22)年 7 月11日	57.92
第44回	2005(平成17)年 9 月11日	67.51	第21回	2007(平成19)年 7 月29日	58.64

出所：総務省「国政選挙における投票率の推移」（http://www.soumu.go.jp/senkyo/senkyo_s/news /sonota/ritu/）より筆者作成。

3 18歳の投票権と選挙権

1 成年者年齢の引き下げ

　憲法第15条第 3 項は，「公務員の選挙については，成年者による普通選挙を保障する」としています。この成年者について，憲法は特段の定義を設けていませんが，1945年に衆議院議員選挙法が改正されてから，成年者とは20歳以上を指すとされました。

　しかし，憲法改正手続法第 3 条は，国民投票の有権者を18歳以上に引き下げました。もっとも，附則第 3 条では，公職選挙法を改正し，選挙権年齢を引き下げるまでは，国民投票の投票権も20歳未満には適用されないとされました。しかし，2014年には憲法改正手続法が改正され，2018年から18歳以上にも投票権が適用されるようになりました。さらに，2015年には公職選挙法が改正され，選挙権年齢も18歳以上に引き下げられています。2016年 7 月10日に実施された第24回参議院議員通常選挙では，18歳や19歳の有権者も新たに認められた選挙権を行使しています。現在では，成年者とは，18歳以上を指すということができます。

　なぜ成年者を18歳以上に引き下げるのかについて，国会では明確な根拠は示されませんでしたが，引き下げは世界的趨勢にかなうと考えられます（表14-

表14-2　各国の選挙権年齢の比較

16歳	アルゼンチン，エクアドル，オーストリア，キューバ，ニカラグア，ブラジル
17歳	インドネシア，北朝鮮，東ティモール
18歳	アメリカ，イギリス，イタリア，カナダ，ドイツ，フランス，ロシア
19歳	韓国
20歳	カメルーン，台湾，バーレーン
21歳	オマーン，クウェート，コートジボワール，サモア，シンガポール，トンガ，マレーシア，レバノン

出所：那須俊貴「諸外国の選挙権年齢及び被選挙権年齢」『レファレンス』**779**，2015年より筆者作成。

2）。いずれにせよ，選挙や投票に参加する国民が増えることは，民主主義の観点からは望ましいといえます。もっとも，政治について適切に判断するためには，日頃から政治について関心をもったり教育を受けたりすることが重要となります。次に，この点について，検討してみましょう。

2　生徒の政治活動の自由

18歳有権者の多くは高校に在学する高校生です。高校生も憲法上の権利を享有していますが，その権利は校則によって制限されてきました。この点について，とくに生徒の政治活動の自由を中心に考えてみましょう。

文部省は，1969年に，当時の学園紛争を背景にして，「高等学校における政治的教養と政治的活動について」という通知を出しました[3]。そこでは，学校における生徒の政治活動について，それを黙認することは，学校の政治的中立性に反するので，当然に禁止しなければならないとされました。その理由として，①未成年者は政治活動を行ってはならない，②生徒は特定の政治的影響を受けてはならない，③生徒の政治活動は政治的教養に反する，④他の生徒に好ましくない影響を与える，⑤生徒の心身の安全に危険をもたらす，⑥勉学を疎かにさせ意欲を失わせる，とされています。そのため，校内だけでなく，校外での

＊3　文部省初等中等教育局長通知「高等学校における政治的教養と政治的活動について」（1969年10月31日付　文初高第483号）。

政治活動についても，広く禁止することが求められました。

　しかし，成年者年齢が18歳以上に引き下げられ，高校生でも有権者となる者が出てきましたので，文科省は，2015年に，「高等学校等における政治的教養の教育と高等学校等の生徒による政治的活動等について」という通知を出しました。[*4] そこでは，校外での政治活動については，違法で暴力的なものを除き，家庭の理解の下，生徒自身が判断するとされました。もっとも，生徒の政治活動は，無制限に認められるものではなく，必要かつ合理的な範囲で制約を受けるとされています。その理由としては，①学校は政治的中立性を確保する必要がある，②高校は生徒を教育する公的施設である，③校長は生徒を規律する包括的権能を有する，とされています。[*5]

　さらに，校外での政治活動についても，規制を課す高校が出てきています。2016年には，愛媛県のすべての県立高校で，校外の政治活動に参加する学生は，事前に学校へ届出をすることが義務付けられました。生徒の安全を確保することが，その理由とされています。2015年通知のQ&Aでは，事前届出制について，各学校が，必要かつ合理的な範囲の制約となるよう，適切に判断する必要があるとされていますが，その範囲内であれば，事前届出制を設けることも可能となっています。しかし，事前の届出によって，生徒は政治活動に参加することを知られてしまいます。また届出に違反した場合には，罰則を科されないかを心配するかもしれません。そのため，事前届出制は，生徒の政治活動を萎縮させ，事実上の許可制として機能する危険性を有しています。

3　教師の政治教育の自由

　政治活動への参加は，政治に関心をもつ機会となりますので，有権者となる者にとっては非常に重要です。しかし，生徒の政治活動の自由については，以前ほどの規制は課されていませんが，現在でも規制を課す傾向は続いています。

＊4　文部科学省初等中等教育局長通知「高等学校等における政治的教養の教育と高等学校等の生徒による政治的活動等について（通知）」（2015年10月29日付　27文科初第933号）。
＊5　なお，2015年通知が発出されたことにより，1969年通知は廃止された。

それでは，教師の政治教育の自由は，どれほど保障されているのでしょうか。最後に，この点について，考察してみましょう。

　教育基本法（2006年法律第120号）第14条は教育と政治の関係について規定しています。同条第1項は「良識ある公民として必要な政治的教養は，教育上尊重されなければならない」とし，政治教育の重要性を述べるとともに，第2項は「法律に定める学校は，特定の政党を支持し，又はこれに反対するための政治教育その他政治的活動をしてはならない」とし，教育の政治的中立性を定めています（なお同条は旧教育基本法〔1947年法律第25号〕第8条を受け継いだものです）。同条が設けられた背景には，戦前の学校では政治教育が禁止されるとともに，国家のイデオロギー注入が行われていたことがあります。

　この教育と政治の関係にも，成年者年齢の引き下げとともに，一定の変化が生じています。政治教育は，戦後も長く抑圧されてきましたが，今日では強く奨励されるようになりました。先にあげた1969年通知では，「現実の具体的な政治的事象」について，「客観的かつ公正な指導資料に基づく」こと，「教師の個人的な主義主張を避けて公正な態度で指導する」ことが強調されていました。しかし，2015年通知では，「現実の具体的な政治的事象も取り扱い，生徒が有権者として自らの判断で権利を行使することができるよう，より一層具体的かつ実践的な指導を行うこと」とされています。

　しかし教師の政治教育の自由は今日でも十分に保障されてはいません。2015年通知では「特定の見方や考え方に偏った取扱いにより，生徒が主体的に考え，判断することを妨げることのないよう留意すること」が強調されました。さらに政治家が政治的中立性を名目に教育に介入する事件も起きています。2015年に山口県の県立高校の授業が自民党県議から政治的中立性に欠けると批判されました。授業で安保法案について模擬投票を実施した結果，賛成が2グループ，反対が6グループとなりましたが，その議論の素材とされたのが，朝日新聞と日経新聞だけだったことが，批判の理由とされています。

　教師が特定の見解を強制することは避けるべきですが，政治家が教育に介入することも望ましくはありません。教育基本法第14条は，政治教育の実施を前提としたうえで，特定の政治的見解の強制を禁止することで，自律した主権者

を教育することを目的としたものです。18歳の投票権や選挙権との関係で，この理念をいかに実現していくのかが問われています。

4 住民投票

■1■　地方自治と直接民主制

　憲法第95条は，地方特別法について，住民投票で過半数の同意を得ることを要請しています。さらに，第92条で規定される「地方自治の本旨」には，地方公共団体が地方の公共事務を処理することだけでなく，住民が地方公共団体の意思決定に参加することも含まれています。前者は団体自治，後者は住民自治と呼ばれています。

　地方自治法も，憲法の規定を反映して，住民が直接意思を表明する制度を多く設けています。まず，**直接請求制度**として，条例の制定改廃請求（第74条），事務監査請求（第75条），地方議会の解散請求（第76条），議員・首長・役員の解職請求（第80条から第88条）が定められています。さらに，財務会計上の問題については，住民監査請求（第242条）と住民訴訟（第242条の2）が可能となっています。最後に，町村においては，町村総会（第94条）が設けられています。

　このように，憲法や法律の規定からは，地方自治にとって直接民主制が重要であることが読み取れます。さらに，最近では，特別な条例を制定して，住民投票を実施する地方公共団体も増えてきました。ここでは，住民が直接意思を表明する機会が多くなるだけでなく，参加する投票権者も拡大する傾向が強くなっています。最後に，この点について，検討してみましょう。

■2■　住民投票の特徴

　住民投票は，地方特別法や，地方議会の解散と議員・首長の解職に関して行うことができます。さらに，市町村合併や，特別区設置についても認められています。しかし，それ以外の事柄については，憲法や法律は特段の規定を設け

ていませんので，地方公共団体が，独自の住民投票条例を制定して，住民投票を実施することになります。

　住民投票では地域の重要な争点が取り上げられますが，その内容は住民投票の定着とともに拡大してきました。1990年代には，原発建設（新潟県巻町），産廃処分場設置（岐阜県御嵩町），日米地位協定見直しと米軍基地整理縮小（沖縄県），米軍ヘリポート建設（沖縄県名護市）などが争点とされました。2010年代には，このような問題だけでなく，文化会館建設（長野県佐久市），市庁舎新築（鳥取県鳥取市），新駅設置（埼玉県北本市），運動公園建設（茨城県つくば市），小中学校でのエアコン設置（埼玉県所沢市）なども対象とされています。

　住民投票で投票権を有する者については，公職選挙法に依拠する必要がありませんので，地方公共団体が独自に決定することができます。そのため，2015年に18歳選挙権が認められる以前にも，18歳以上に投票権を認める地方公共団体が多くありました。さらに投票年齢を引き下げ，16歳以上とするもの（神奈川県大和市）や，15歳以上とするもの（岩手県西和賀町）も出てきています。より投票権者を拡大し，住民だけでなく在勤者や在学者を含めたり（滋賀県愛荘町），日本人だけでなく永住外国人を含めたり（秋田県岩城町）することも行われています。

3 住民投票の課題

　しかし，住民が意思を表明したとしても，その結果は尊重するにとどまるとされています（諮問型住民投票）。投票結果に法的拘束力を与えることも考えられますが（決定型住民投票），この制度は採用されたことがありません。諮問型住民投票でも，投票結果を無視することは実際には困難ですが，たとえ無視したとしても違法とはなりません。

　1997年に沖縄県名護市で米軍ヘリポート建設をめぐって住民投票が行われました。結果は建設反対が約54％となり，建設賛成と条件付賛成の合計約46％を上回りました。しかし，当時の市長は，米軍ヘリポートの受け入れを表明しています（同時に辞職も表明しました）。この適法性が争われた裁判で，2000年5月

9日那覇地裁判決は，住民投票は，法的拘束力を認めると間接民主制と整合しなくなるので，事実上の拘束力を有するにすぎないとしました。

それでは，決定型住民投票を制定することは，可能なのでしょうか。あるいは，諮問型住民投票しか制定されないのは，なぜなのでしょうか。憲法は地方自治について直接民主制を重視しています。実際に，地方自治については，憲法第41条のように，議会を唯一の立法機関とする条文は設けられていません。しかし，憲法第93条では，地方公共団体には議会を設置するとされ，地方自治法でも，議会（第89条以下）や首長（第139条以下）について，詳細な規定が設けられていますので，地方自治では代表民主制も採用されています。

このように，地方自治では直接民主制と代表民主制が採用されていますが，両者のいずれを重視するかによって，住民投票の位置付けは異なってきます。間接民主制を重視すれば，決定型住民投票は議会や首長の権限を侵害するので，諮問型住民投票のみが導入可能であるということになります。それに対して，直接民主制を重視すれば，決定型住民投票は導入可能であり，導入を阻害する法律こそが憲法に違反すると考えることになります。

この見解の対立は，国民主権や民主主義をいかに理解するのかに基づいていますので，さまざまな考え方が可能となっています。もっとも，地方自治では，住民と密接に関係する問題について，住民側が住民投票を請求することができ，投票する有権者も限られていますので，十分な議論を期待することができます。また，住民投票を介して，住民が政治に関心をもつことで，代表民主制が活性化することも考えられます。いずれにせよ，住民投票は，民主主義を実現する機会として重要であるといえるでしょう。

 まとめ ....

憲法は，代表民主制だけでなく，直接民主制をも採用しています。しかも，今日では，憲法改正が可能となり，成年者年齢が引き下げられ，住民投票も多用されていますので，市民が直接意思を表明することが重視されるようになっています。しかし，主権者意思の表明が，代表者意思の追認のために利用されてしまう危険性も看過してはなりません。そのため，主権者が意思を表明する手続を整備し，相互に議論する能力を涵養することが重要となります。この点で，憲法改正手続法や現在

の主権者教育には，大きな問題があります。直接民主制をいかに実現するかは，今後の課題として残されていると考えられます。

 さらに学びたい人のために

○高見勝利『憲法改正とは何だろうか』岩波書店，2017年。

　　本書は，憲法改正規定や憲法改正手続法を踏まえ，とくに最近の改憲案を念頭に置きながら，憲法を改正することの意味について考えさせてくれます。

○新藤宗幸『「主権者教育」を問う』岩波書店，2016年。

　　総務省と文科省は，選挙権年齢の引き下げに伴い，『私たちが拓く日本の未来──有権者として求められる力を身に付けるために』という副読本を全国の高校生に配布しました。本書では，この副読本を読み解きながら，現在の主権者教育の内容を批判しつつ，民主主義を真に豊かにする教育とは何かについて考察しています。

○國分功一郎『来るべき民主主義──小平市都道328号線と近代政治哲学の諸問題』幻冬舎，2013年。

　　2013年に東京都小平市で行われた住民投票では，約半世紀前に策定された道路整備計画を見直すかが問われました。本書では，この住民運動に飛び込んだ哲学者が，住民参加が民主主義にとってもつ意味を問い直しています。

巻末資料

- 日本国憲法 ………………………… 222
- 教育基本法 ………………………… 231

日本国憲法

（昭和21年11月3日公布）
（昭和22年5月3日施行）

日本国民は，正当に選挙された国会における代表者を通じて行動し，われらとわれらの子孫のために，諸国民との協和による成果と，わが国全土にわたつて自由のもたらす恵沢を確保し，政府の行為によつて再び戦争の惨禍が起ることのないやうにすることを決意し，ここに主権が国民に存することを宣言し，この憲法を確定する。そもそも国政は，国民の厳粛な信託によるものであつて，その権威は国民に由来し，その権力は国民の代表者がこれを行使し，その福利は国民がこれを享受する。これは人類普遍の原理であり，この憲法は，かかる原理に基くものである。われらは，これに反する一切の憲法，法令及び詔勅を排除する。

日本国民は，恒久の平和を念願し，人間相互の関係を支配する崇高な理想を深く自覚するのであつて，平和を愛する諸国民の公正と信義に信頼して，われらの安全と生存を保持しようと決意した。われらは，平和を維持し，専制と隷従，圧迫と偏狭を地上から永遠に除去しようと努めてゐる国際社会において，名誉ある地位を占めたいと思ふ。われらは，全世界の国民が，ひとしく恐怖と欠乏から免かれ，平和のうちに生存する権利を有することを確認する。

われらは，いづれの国家も，自国のことのみに専念して他国を無視してはならないのであつて，政治道徳の法則は，普遍的なものであり，この法則に従ふことは，自国の主権を維持し，他国と対等関係に立たうとする各国の責務であると信ずる。

日本国民は，国家の名誉にかけ，全力をあげてこの崇高な理想と目的を達成することを誓ふ。

第1章　天　皇

〔天皇の象徴的地位，国民主権〕

第1条　天皇は，日本国の象徴であり日本国民統合の象徴であつて，この地位は，主権の存する日本国民の総意に基く。

〔皇位の世襲と継承〕

第2条　皇位は，世襲のものであつて，国会の議決した皇室典範の定めるところにより，これを継承する。

〔天皇の国事行為に対する内閣の助言・承認・責任〕

第3条　天皇の国事に関するすべての行為には，内閣の助言と承認を必要とし，内閣が，その責任を負ふ。

〔天皇の国事行為の限定とその委任〕

第4条　天皇は，この憲法の定める国事に関する行為のみを行ひ，国政に関する権能を有しない。

②　天皇は，法律の定めるところにより，その国事に関する行為を委任することができる。

〔摂政〕

第5条　皇室典範の定めるところにより摂政を置くときは，摂政は，天皇の名でその国事に関する行為を行ふ。この場合には，前条第1項の規定を準用する。

〔天皇の国事行為—内閣総理大臣・最高裁長官任命〕

第6条　天皇は，国会の指名に基いて，内閣総理大臣を任命する。

②　天皇は，内閣の指名に基いて，最高裁判所の長たる裁判官を任命する。

〔天皇の国事行為—その他〕

第7条　天皇は，内閣の助言と承認により，国

民のために，左の国事に関する行為を行ふ。

一　憲法改正，法律，政令及び条約を公布すること。

二　国会を召集すること。

三　衆議院を解散すること。

四　国会議員の総選挙の施行を公示すること。

五　国務大臣及び法律の定めるその他の官吏の任免並びに全権委任状及び大使及び公使の信任状を認証すること。

六　大赦，特赦，減刑，刑の執行の免除及び復権を認証すること。

七　栄典を授与すること。

八　批准書及び法律の定めるその他の外交文書を認証すること。

九　外国の大使及び公使を接受すること。

十　儀式を行ふこと。

〔皇室の財産授受〕

第8条　皇室に財産を譲り渡し，又は皇室が，財産を譲り受け，若しくは賜与することは，国会の議決に基かなければならない。

第2章　戦争の放棄

〔戦争の放棄，戦力の不保持，交戦権の否認〕

第9条　日本国民は，正義と秩序を基調とする国際平和を誠実に希求し，国権の発動たる戦争と，武力による威嚇又は武力の行使は，国際紛争を解決する手段としては，永久にこれを放棄する。

②　前項の目的を達するため，陸海空軍その他の戦力は，これを保持しない。国の交戦権は，これを認めない。

第3章　国民の権利及び義務

〔日本国民たる要件〕

第10条　日本国民たる要件は，法律でこれを定める。

〔国民の基本的人権の永久不可侵性〕

第11条　国民は，すべての基本的人権の享有を妨げられない。この憲法が国民に保障する基本的人権は，侵すことのできない永久の権利として，現在及び将来の国民に与へられる。

〔自由及び権利の保持責任，濫用の禁止，利用責任〕

第12条　この憲法が国民に保障する自由及び権利は，国民の不断の努力によつて，これを保持しなければならない。又，国民は，これを濫用してはならないのであつて，常に公共の福祉のためにこれを利用する責任を負ふ。

〔個人の尊重〕

第13条　すべて国民は，個人として尊重される。生命，自由及び幸福追求に対する国民の権利については，公共の福祉に反しない限り，立法その他の国政の上で，最大の尊重を必要とする。

〔法の下の平等，貴族制度の否認，栄典の授与〕

第14条　すべて国民は，法の下に平等であつて，人種，信条，性別，社会的身分又は門地により，政治的，経済的又は社会的関係において，差別されない。

②　華族その他の貴族の制度は，これを認めない。

③　栄誉，勲章その他の栄典の授与は，いかなる特権も伴はない。栄典の授与は，現にこれを有し，又は将来これを受ける者の一代に限り，その効力を有する。

〔国民の公務員選定罷免権，公務員の本質，普通選挙及び秘密投票の保障〕

第15条　公務員を選定し，及びこれを罷免することは，国民固有の権利である。

②　すべて公務員は，全体の奉仕者であつて，一部の奉仕者ではない。

③　公務員の選挙については，成年者による普通選挙を保障する。

④　すべて選挙における投票の秘密は，これを侵してはならない。選挙人は，その選択に関し公的にも私的にも責任を問はれない。

〔請願権〕

第16条　何人も，損害の救済，公務員の罷免，法律，命令又は規則の制定，廃止又は改正その他の事項に関し，平穏に請願する権利を有し，何人も，かかる請願をしたためにいかなる差別待遇も受けない。

〔公務員の不法行為による損害賠償〕

第17条 何人も，公務員の不法行為により，損害を受けたときは，法律の定めるところにより，国又は公共団体に，その賠償を求めることができる。

〔奴隷的拘束及び苦役からの自由〕

第18条 何人も，いかなる奴隷的拘束も受けない。又，犯罪に因る処罰の場合を除いては，その意に反する苦役に服させられない。

〔思想及び良心の自由〕

第19条 思想及び良心の自由は，これを侵してはならない。

〔信教の自由〕

第20条 信教の自由は，何人に対してもこれを保障する。いかなる宗教団体も，国から特権を受け，又は政治上の権力を行使してはならない。

② 何人も，宗教上の行為，祝典，儀式又は行事に参加することを強制されない。

③ 国及びその機関は，宗教教育その他いかなる宗教的活動もしてはならない。

〔集会・結社・表現の自由，検閲の禁止〕

第21条 集会，結社及び言論，出版その他一切の表現の自由は，これを保障する。

② 検閲は，これをしてはならない。通信の秘密は，これを侵してはならない。

〔居住，移転，職業選択，外国移住，国籍離脱の自由〕

第22条 何人も，公共の福祉に反しない限り，居住，移転及び職業選択の自由を有する。

② 何人も，外国に移住し，又は国籍を離脱する自由を侵されない。

〔学問の自由〕

第23条 学問の自由は，これを保障する。

〔家族生活における個人の尊厳と両性の平等〕

第24条 婚姻は，両性の合意のみに基いて成立し，夫婦が同等の権利を有することを基本として，相互の協力により，維持されなければならない。

② 配偶者の選択，財産権，相続，住居の選定，離婚並びに婚姻及び家族に関するその他の事項に関しては，法律は，個人の尊厳と両性の本質的平等に立脚して，制定されなければならない。

〔国民の生存権，国の保障義務〕

第25条 すべて国民は，健康で文化的な最低限度の生活を営む権利を有する。

② 国は，すべての生活部面について，社会福祉，社会保障及び公衆衛生の向上及び増進に努めなければならない。

〔教育を受ける権利，受けさせる義務〕

第26条 すべて国民は，法律の定めるところにより，その能力に応じて，ひとしく教育を受ける権利を有する。

② すべて国民は，法律の定めるところにより，その保護する子女に普通教育を受けさせる義務を負ふ。義務教育は，これを無償とする。

〔勤労の権利・義務，勤労条件の基準，児童酷使の禁止〕

第27条 すべて国民は，勤労の権利を有し，義務を負ふ。

② 賃金，就業時間，休息その他の勤労条件に関する基準は，法律でこれを定める。

③ 児童は，これを酷使してはならない。

〔労働者の団結権・団体行動権〕

第28条 勤労者の団結する権利及び団体交渉その他の団体行動をする権利は，これを保障する。

〔財産権〕

第29条 財産権は，これを侵してはならない。

② 財産権の内容は，公共の福祉に適合するやうに，法律でこれを定める。

③ 私有財産は，正当な補償の下に，これを公共のために用ひることができる。

〔納税の義務〕

第30条 国民は，法律の定めるところにより，納税の義務を負ふ。

〔法定手続の保障〕

第31条 何人も，法律の定める手続によらなければ，その生命若しくは自由を奪はれ，又はその他の刑罰を科せられない。

〔裁判を受ける権利〕

第32条　何人も，裁判所において裁判を受ける権利を奪はれない。

〔逮捕に対する保障〕

第33条　何人も，現行犯として逮捕される場合を除いては，権限を有する司法官憲が発し，且つ理由となつてゐる犯罪を明示する令状によらなければ，逮捕されない。

〔抑留・拘禁に対する保障〕

第34条　何人も，理由を直ちに告げられ，且つ，直ちに弁護人に依頼する権利を与へられなければ，抑留又は拘禁されない。又，何人も，正当な理由がなければ，拘禁されず，要求があれば，その理由は，直ちに本人及びその弁護人の出席する公開の法廷で示されなければならない。

〔住居侵入・捜索・押収に対する保障〕

第35条　何人も，その住居，書類及び所持品について，侵入，捜索及び押収を受けることのない権利は，第33条の場合を除いては，正当な理由に基いて発せられ，且つ捜索する場所及び押収する物を明示する令状がなければ，侵されない。

②　捜索又は押収は，権限を有する司法官憲が発する各別の令状により，これを行ふ。

〔拷問及び残虐な刑罰の禁止〕

第36条　公務員による拷問及び残虐な刑罰は，絶対にこれを禁ずる。

〔刑事被告人の諸権利〕

第37条　すべて刑事事件においては，被告人は，公平な裁判所の迅速な公開裁判を受ける権利を有する。

②　刑事被告人は，すべての証人に対して審問する機会を充分に与へられ，又，公費で自己のために強制的手続により証人を求める権利を有する。

③　刑事被告人は，いかなる場合にも，資格を有する弁護人を依頼することができる。被告人が自らこれを依頼することができないときは，国でこれを附する。

〔黙秘権，自白の証拠能力〕

第38条　何人も，自己に不利益な供述を強要されない。

②　強制，拷問若しくは脅迫による自白又は不当に長く抑留若しくは拘禁された後の自白は，これを証拠とすることができない。

③　何人も，自己に不利益な唯一の証拠が本人の自白である場合には，有罪とされ，又は刑罰を科せられない。

〔遡及処罰の禁止，二重処罰の禁止〕

第39条　何人も，実行の時に適法であつた行為又は既に無罪とされた行為については，刑事上の責任を問はれない。又，同一の犯罪について，重ねて刑事上の責任を問はれない。

〔刑事補償〕

第40条　何人も，抑留又は拘禁された後，無罪の裁判を受けたときは，法律の定めるところにより，国にその補償を求めることができる。

第4章　国　会

〔国会の地位，立法権〕

第41条　国会は，国権の最高機関であつて，国の唯一の立法機関である。

〔両院制〕

第42条　国会は，衆議院及び参議院の両議院でこれを構成する。

〔両議院の組織〕

第43条　両議院は，全国民を代表する選挙された議員でこれを組織する。

②　両議院の議員の定数は，法律でこれを定める。

〔国会議員及び選挙人の資格〕

第44条　両議院の議員及びその選挙人の資格は，法律でこれを定める。但し，人種，信条，性別，社会的身分，門地，教育，財産又は収入によつて差別してはならない。

〔衆議院議員の任期〕

第45条　衆議院議員の任期は，4年とする。但し，衆議院解散の場合には，その期間満了前に終了する。

〔参議院議員の任期〕

第46条　参議院議員の任期は，6年とし，3年ごとに議員の半数を改選する。

〔選挙に関する事項の法定〕

第47条 選挙区，投票の方法その他両議院の議
員の選挙に関する事項は，法律でこれを定め
る。

〔両議院議員兼職禁止〕

第48条 何人も，同時に両議院の議員たること
はできない。

〔議員の歳費〕

第49条 両議院の議員は，法律の定めるところ
により，国庫から相当額の歳費を受ける。

〔議員の不逮捕特権〕

第50条 両議院の議員は，法律の定める場合を
除いては，国会の会期中逮捕されず，会期前
に逮捕された議員は，その議院の要求があれ
ば，会期中これを釈放しなければならない。

〔議員の発言・表決の無責任〕

第51条 両議院の議員は，議院で行つた演説，
討論又は表決について，院外で責任を問はれ
ない。

〔常会〕

第52条 国会の常会は，毎年1回これを召集す
る。

〔臨時会〕

第53条 内閣は，国会の臨時会の召集を決定す
ることができる。いづれかの議院の総議員の
4分の1以上の要求があれば，内閣は，その
召集を決定しなければならない。

〔衆議院の解散と総選挙，特別会〕

第54条 衆議院が解散されたときは，解散の日
から40日以内に，衆議院議員の総選挙を行ひ，
その選挙の日から30日以内に，国会を召集し
なければならない。

② 衆議院が解散されたときは，参議院は，同
時に閉会となる。但し，内閣は，国に緊急の
必要があるときは，参議院の緊急集会を求め
ることができる。

③ 前項但書の緊急集会において採られた措置
は，臨時のものであつて，次の国会開会の後
10日以内に，衆議院の同意がない場合には，
その効力を失ふ。

〔議員の資格争訟〕

〔議員の資格争訟〕

第55条 両議院は，各々その議員の資格に関す
る争訟を裁判する。但し，議員の議席を失は
せるには，出席議員の3分の2以上の多数に
よる議決を必要とする。

〔議員の定足数，議決〕

第56条 両議院は，各々その総議員の3分の1
以上の出席がなければ，議事を開き議決する
ことができない。

② 両議院の議事は，この憲法に特別の定のあ
る場合を除いては，出席議員の過半数でこれ
を決し，可否同数のときは，議長の決すると
ころによる。

〔会議の公開と秘密会，会議録〕

第57条 両議院の会議は，公開とする。但し，
出席議員の3分の2以上の多数で議決したと
きは，秘密会を開くことができる。

② 両議院は，各々その会議の記録を保存し，
秘密会の記録の中で特に秘密を要すると認め
られるもの以外は，これを公表し，且つ一般
に頒布しなければならない。

③ 出席議員の5分の1以上の要求があれば，
各議員の表決は，これを会議録に記載しなけ
ればならない。

〔役員の選任，議院規則，懲罰〕

第58条 両議院は，各々その議長その他の役員
を選任する。

② 両議院は，各々その会議その他の手続及び
内部の規律に関する規則を定め，又，院内の
秩序をみだした議員を懲罰することができる。
但し，議員を除名するには，出席議員の3分
の2以上の多数による議決を必要とする。

〔法律案の議決，衆議院の優越〕

第59条 法律案は，この憲法に特別の定のある
場合を除いては，両議院で可決したとき法律
となる。

② 衆議院で可決し，参議院でこれと異なつた
議決をした法律案は，衆議院で出席議員の3
分の2以上の多数で再び可決したときは，法
律となる。

③ 前項の規定は，法律の定めるところにより，
衆議院が，両議院の協議会を開くことを求め

ることを妨げない。

④　参議院が，衆議院の可決した法律案を受け取つた後，国会休会中の期間を除いて60日以内に，議決しないときは，衆議院は，参議院がその法律案を否決したものとみなすことができる。

〔衆議院の予算先議と優越〕

第60条　予算は，さきに衆議院に提出しなければならない。

②　予算について，参議院で衆議院と異なつた議決をした場合に，法律の定めるところにより，両議院の協議会を開いても意見が一致しないとき，又は参議院が，衆議院の可決した予算を受け取つた後，国会休会中の期間を除いて30日以内に，議決しないときは，衆議院の議決を国会の議決とする。

〔条約の国会承認と衆議院の優越〕

第61条　条約の締結に必要な国会の承認については，前条第2項の規定を準用する。

〔議院の国政調査権〕

第62条　両議院は，各々国政に関する調査を行ひ，これに関して，証人の出頭及び証言並びに記録の提出を要求することができる。

〔国務大臣の議院出席〕

第63条　内閣総理大臣その他の国務大臣は，両議院の一に議席を有すると有しないとにかかはらず，何時でも議案について発言するため議院に出席することができる。又，答弁又は説明のため出席を求められたときは，出席しなければならない。

〔弾劾裁判所〕

第64条　国会は，罷免の訴追を受けた裁判官を裁判するため，両議院の議員で組織する弾劾裁判所を設ける。

②　弾劾に関する事項は，法律でこれを定める。

第5章　内　閣

〔行政権と内閣〕

第65条　行政権は，内閣に属する。

〔内閣の組織，国務大臣の文民資格，国会に対する連帯責任〕

第66条　内閣は，法律の定めるところにより，その首長たる内閣総理大臣及びその他の国務大臣でこれを組織する。

②　内閣総理大臣その他の国務大臣は，文民でなければならない。

③　内閣は，行政権の行使について，国会に対し連帯して責任を負ふ。

〔内閣総理大臣の指名，衆議院の優越〕

第67条　内閣総理大臣は，国会議員の中から国会の議決で，これを指名する。この指名は，他のすべての案件に先だつて，これを行ふ。

②　衆議院と参議院とが異なつた指名の議決をした場合に，法律の定めるところにより，両議院の協議会を開いても意見が一致しないとき，又は衆議院が指名の議決をした後，国会休会中の期間を除いて10日以内に，参議院が，指名の議決をしないときは，衆議院の議決を国会の議決とする。

〔国務大臣の任命と罷免〕

第68条　内閣総理大臣は，国務大臣を任命する。但し，その過半数は，国会議員の中から選ばれなければならない。

②　内閣総理大臣は，任意に国務大臣を罷免することができる。

〔衆議院の内閣不信任，解散又は総辞職〕

第69条　内閣は，衆議院で不信任の決議案を可決し，又は信任の決議案を否決したときは，10日以内に衆議院が解散されない限り，総辞職をしなければならない。

〔内閣総理大臣の欠缺又は総選挙後の内閣総辞職〕

第70条　内閣総理大臣が欠けたとき，又は衆議院議員総選挙の後に初めて国会の召集があつたときは，内閣は，総辞職をしなければならない。

〔総辞職後の内閣の職務執行〕

第71条　前2条の場合には，内閣は，あらたに内閣総理大臣が任命されるまで引き続きその職務を行ふ。

〔内閣総理大臣の職務〕

第72条　内閣総理大臣は，内閣を代表して議案

227

を国会に提出し，一般国務及び外交関係につ
いて国会に報告し，並びに行政各部を指揮監
督する。

〔内閣の事務〕

第73条 内閣は，他の一般行政事務の外，左の
事務を行ふ。

一 法律を誠実に執行し，国務を総理するこ
と。

二 外交関係を処理すること。

三 条約を締結すること。但し，事前に，時
宜によつては事後に，国会の承認を経るこ
とを必要とする。

四 法律の定める基準に従ひ，官吏に関する
事務を掌理すること。

五 予算を作成して国会に提出すること。

六 この憲法及び法律の規定を実施するため
に，政令を制定すること。但し，政令には，
特にその法律の委任がある場合を除いては，
罰則を設けることができない。

七 大赦，特赦，減刑，刑の執行の免除及び
復権を決定すること。

〔法律・政令の署名及び連署〕

第74条 法律及び政令には，すべて主任の国務
大臣が署名し，内閣総理大臣が連署すること
を必要とする。

〔国務大臣の訴追〕

第75条 国務大臣は，その在任中，内閣総理大
臣の同意がなければ，訴追されない。但し，
これがため，訴追の権利は，害されない。

第6章 司 法

〔司法権の独立〕

第76条 すべて司法権は，最高裁判所及び法律
の定めるところにより設置する下級裁判所に
属する。

② 特別裁判所は，これを設置することができ
ない。行政機関は，終審として裁判を行ふこ
とができない。

③ すべて裁判官は，その良心に従ひ独立して
その職権を行ひ，この憲法及び法律にのみ拘
束される。

〔最高裁判所の規則制定権〕

第77条 最高裁判所は，訴訟に関する手続，弁
護士，裁判所の内部規律及び司法事務処理に
関する事項について，規則を定める権限を有
する。

② 検察官は，最高裁判所の定める規則に従は
なければならない。

③ 最高裁判所は，下級裁判所に関する規則を
定める権限を，下級裁判所に委任することが
できる。

〔裁判官の身分保障〕

第78条 裁判官は，裁判により，心身の故障の
ために職務を執ることができないと決定され
た場合を除いては，公の弾劾によらなければ
罷免されない。裁判官の懲戒処分は，行政機
関がこれを行ふことはできない。

〔最高裁判所裁判官，国民審査〕

第79条 最高裁判所は，その長たる裁判官及び
法律の定める員数のその他の裁判官でこれを
構成し，その長たる裁判官以外の裁判官は，
内閣でこれを任命する。

② 最高裁判所の裁判官の任命は，その任命後
初めて行はれる衆議院議員総選挙の際国民の
審査に付し，その後10年を経過した後初めて
行はれる衆議院議員総選挙の際更に審査に付
し，その後も同様とする。

③ 前項の場合において，投票者の多数が裁判
官の罷免を可とするときは，その裁判官は，
罷免される。

④ 審査に関する事項は，法律でこれを定める。

⑤ 最高裁判所の裁判官は，法律の定める年齢
に達した時に退官する。

⑥ 最高裁判所の裁判官は，すべて定期に相当
額の報酬を受ける。この報酬は，在任中，こ
れを減額することができない。

〔下級裁判所裁判官〕

第80条 下級裁判所の裁判官は，最高裁判所の
指名した者の名簿によつて，内閣でこれを任
命する。その裁判官は，任期を10年とし，再
任されることができる。但し，法律の定める
年齢に達した時には退官する。

② 下級裁判所の裁判官は，すべて定期に相当
額の報酬を受ける。この報酬は，在任中，こ
れを減額することができない。

〔最高裁判所の違憲法令審査権〕

第81条 最高裁判所は，一切の法律，命令，規
則又は処分が憲法に適合するかしないかを決
定する権限を有する終審裁判所である。

〔裁判の公開〕

第82条 裁判の対審及び判決は，公開法廷でこ
れを行ふ。

② 裁判所が，裁判官の全員一致で，公の秩序
又は善良の風俗を害する虞があると決した場
合には，対審は，公開しないでこれを行ふこ
とができる。但し，政治犯罪，出版に関する
犯罪又はこの憲法第3章で保障する国民の権
利が問題となつてゐる事件の対審は，常にこ
れを公開しなければならない。

第7章 財 政

〔財政処理の基本原則〕

第83条 国の財政を処理する権限は，国会の議
決に基いて，これを行使しなければならない。

〔租税法律主義〕

第84条 あらたに租税を課し，又は現行の租税
を変更するには，法律又は法律の定める条件
によることを必要とする。

〔国費の支出及び債務負担と国会の議決〕

第85条 国費を支出し，又は国が債務を負担す
るには，国会の議決に基くことを必要とする。

〔予算の作成と国会の議決〕

第86条 内閣は，毎会計年度の予算を作成し，
国会に提出して，その審議を受け議決を経な
ければならない。

〔予備費〕

第87条 予見し難い予算の不足に充てるため，
国会の議決に基いて予備費を設け，内閣の責
任でこれを支出することができる。

② すべて予備費の支出については，内閣は，
事後に国会の承諾を得なければならない。

〔皇室財産，皇室費用〕

第88条 すべて皇室財産は，国に属する。すべ
て皇室の費用は，予算に計上して国会の議決
を経なければならない。

〔公の財産の支出・利用の制限〕

第89条 公金その他の公の財産は，宗教上の組
織若しくは団体の使用，便益若しくは維持の
ため，又は公の支配に属しない慈善，教育若
しくは博愛の事業に対し，これを支出し，又
はその利用に供してはならない。

〔決算，会計検査院〕

第90条 国の収入支出の決算は，すべて毎年会
計検査院がこれを検査し，内閣は，次の年度
に，その検査報告とともに，これを国会に提
出しなければならない。

② 会計検査院の組織及び権限は，法律でこれ
を定める。

〔内閣の財政状況報告〕

第91条 内閣は，国会及び国民に対し，定期に，
少くとも毎年1回，国の財政状況について報
告しなければならない。

第8章 地方自治

〔地方自治の原則〕

第92条 地方公共団体の組織及び運営に関する
事項は，地方自治の本旨に基いて，法律でこ
れを定める。

〔地方公共団体の議会，長・議員等の直接選挙〕

第93条 地方公共団体には，法律の定めるとこ
ろにより，その議事機関として議会を設置す
る。

② 地方公共団体の長，その議会の議員及び法
律の定めるその他の吏員は，その地方公共団
体の住民が，直接これを選挙する。

〔地方公共団体の権能〕

第94条 地方公共団体は，その財産を管理し，
事務を処理し，及び行政を執行する権能を有
し，法律の範囲内で条例を制定することがで
きる。

〔特別法の住民投票〕

第95条 一の地方公共団体のみに適用される特
別法は，法律の定めるところにより，その地
方公共団体の住民の投票においてその過半数

の同意を得なければ，国会は，これを制定することができない。

第9章 改 正

〔憲法改正の発議・国民投票・公布〕

第96条 この憲法の改正は，各議院の総議員の3分の2以上の賛成で，国会が，これを発議し，国民に提案してその承認を経なければならない。この承認には，特別の国民投票又は国会の定める選挙の際行はれる投票において，その過半数の賛成を必要とする。

② 憲法改正について前項の承認を経たときは，天皇は，国民の名で，この憲法と一体を成すものとして，直ちにこれを公布する。

第10章 最高法規

〔基本的人権の本質〕

第97条 この憲法が日本国民に保障する基本的人権は，人類の多年にわたる自由獲得の努力の成果であつて，これらの権利は，過去幾多の試錬に堪へ，現在及び将来の国民に対し，侵すことのできない永久の権利として信託されたものである。

〔憲法の最高法規性，条約及び国際法規の遵守〕

第98条 この憲法は，国の最高法規であつて，その条規に反する法律，命令，詔勅及び国務に関するその他の行為の全部又は一部は，その効力を有しない。

② 日本国が締結した条約及び確立された国際法規は，これを誠実に遵守することを必要とする。

〔憲法尊重擁護の義務〕

第99条 天皇又は摂政及び国務大臣，国会議員，裁判官その他の公務員は，この憲法を尊重し擁護する義務を負ふ。

第11章 補 則

〔施行期日〕

第100条 この憲法は，公布の日から起算して6箇月を経過した日から，これを施行する。

② この憲法を施行するために必要な法律の制定，参議院議員の選挙及び国会召集の手続並びにこの憲法を施行するために必要な準備手続は，前項の期日よりも前に，これを行ふことができる。

〔経過規定〕

第101条 この憲法施行の際，参議院がまだ成立してゐないときは，その成立するまでの間，衆議院は，国会としての権限を行ふ。

〔経過規定〕

第102条 この憲法による第1期の参議院議員のうち，その半数の者の任期は，これを3年とする。その議員は，法律の定めるところにより，これを定める。

〔経過規定〕

第103条 この憲法施行の際現に在職する国務大臣，衆議院議員及び裁判官並びにその他の公務員で，その地位に相応する地位がこの憲法で認められてゐる者は，法律で特別の定をした場合を除いては，この憲法施行のため，当然にはその地位を失ふことはない。但し，この憲法によつて，後任者が選挙又は任命されたときは，当然その地位を失ふ。

＊注 〔 〕の見出しと項番号（②③…）は編集部が付した。

教育基本法

（平成18年法律第120号）

我々日本国民は，たゆまぬ努力によって築いてきた民主的で文化的な国家を更に発展させるとともに，世界の平和と人類の福祉の向上に貢献することを願うものである。

我々は，この理想を実現するため，個人の尊厳を重んじ，真理と正義を希求し，公共の精神を尊び，豊かな人間性と創造性を備えた人間の育成を期するとともに，伝統を継承し，新しい文化の創造を目指す教育を推進する。

ここに，我々は，日本国憲法の精神にのっとり，我が国の未来を切り拓く教育の基本を確立し，その振興を図るため，この法律を制定する。

第1章　教育の目的及び理念

（教育の目的）

第1条　教育は，人格の完成を目指し，平和で民主的な国家及び社会の形成者として必要な資質を備えた心身ともに健康な国民の育成を期して行われなければならない。

（教育の目標）

第2条　教育は，その目的を実現するため，学問の自由を尊重しつつ，次に掲げる目標を達成するよう行われるものとする。

　一　幅広い知識と教養を身に付け，真理を求める態度を養い，豊かな情操と道徳心を培うとともに，健やかな身体を養うこと。

　二　個人の価値を尊重して，その能力を伸ばし，創造性を培い，自主及び自律の精神を養うとともに，職業及び生活との関連を重視し，勤労を重んずる態度を養うこと。

　三　正義と責任，男女の平等，自他の敬愛と協力を重んずるとともに，公共の精神に基づき，主体的に社会の形成に参画し，その発展に寄与する態度を養うこと。

　四　生命を尊び，自然を大切にし，環境の保全に寄与する態度を養うこと。

　五　伝統と文化を尊重し，それらをはぐくんできた我が国と郷土を愛するとともに，他国を尊重し，国際社会の平和と発展に寄与する態度を養うこと。

（生涯学習の理念）

第3条　国民一人一人が，自己の人格を磨き，豊かな人生を送ることができるよう，その生涯にわたって，あらゆる機会に，あらゆる場所において学習することができ，その成果を適切に生かすことのできる社会の実現が図られなければならない。

（教育の機会均等）

第4条　すべて国民は，ひとしく，その能力に応じた教育を受ける機会を与えられなければならず，人種，信条，性別，社会的身分，経済的地位又は門地によって，教育上差別されない。

2　国及び地方公共団体は，障害のある者が，その障害の状態に応じ，十分な教育を受けられるよう，教育上必要な支援を講じなければならない。

3　国及び地方公共団体は，能力があるにもかかわらず，経済的理由によって修学が困難な者に対して，奨学の措置を講じなければならない。

第2章　教育の実施に関する基本

（義務教育）

第5条　国民は，その保護する子に，別に法律で定めるところにより，普通教育を受けさせる義務を負う。

2　義務教育として行われる普通教育は，各個人の有する能力を伸ばしつつ社会において自立的に生きる基礎を培い，また，国家及び社

231

会の形成者として必要とされる基本的な資質を養うことを目的として行われるものとする。

3　国及び地方公共団体は，義務教育の機会を保障し，その水準を確保するため，適切な役割分担及び相互の協力の下，その実施に責任を負う。

4　国又は地方公共団体の設置する学校における義務教育については，授業料を徴収しない。

（学校教育）

第6条　法律に定める学校は，公の性質を有するものであって，国，地方公共団体及び法律に定める法人のみが，これを設置することができる。

2　前項の学校においては，教育の目標が達成されるよう，教育を受ける者の心身の発達に応じて，体系的な教育が組織的に行われなければならない。この場合において，教育を受ける者が，学校生活を営む上で必要な規律を重んずるとともに，自ら進んで学習に取り組む意欲を高めることを重視して行われなければならない。

（大学）

第7条　大学は，学術の中心として，高い教養と専門的能力を培うとともに，深く真理を探究して新たな知見を創造し，これらの成果を広く社会に提供することにより，社会の発展に寄与するものとする。

2　大学については，自主性，自律性その他の大学における教育及び研究の特性が尊重されなければならない。

（私立学校）

第8条　私立学校の有する公の性質及び学校教育において果たす重要な役割にかんがみ，国及び地方公共団体は，その自主性を尊重しつつ，助成その他の適当な方法によって私立学校教育の振興に努めなければならない。

（教員）

第9条　法律に定める学校の教員は，自己の崇高な使命を深く自覚し，絶えず研究と修養に励み，その職責の遂行に努めなければならない。

2　前項の教員については，その使命と職責の重要性にかんがみ，その身分は尊重され，待遇の適正が期せられるとともに，養成と研修の充実が図られなければならない。

（家庭教育）

第10条　父母その他の保護者は，子の教育について第一義的責任を有するものであって，生活のために必要な習慣を身に付けさせるとともに，自立心を育成し，心身の調和のとれた発達を図るよう努めるものとする。

2　国及び地方公共団体は，家庭教育の自主性を尊重しつつ，保護者に対する学習の機会及び情報の提供その他の家庭教育を支援するために必要な施策を講ずるよう努めなければならない。

（幼児期の教育）

第11条　幼児期の教育は，生涯にわたる人格形成の基礎を培う重要なものであることにかんがみ，国及び地方公共団体は，幼児の健やかな成長に資する良好な環境の整備その他適当な方法によって，その振興に努めなければならない。

（社会教育）

第12条　個人の要望や社会の要請にこたえ，社会において行われる教育は，国及び地方公共団体によって奨励されなければならない。

2　国及び地方公共団体は，図書館，博物館，公民館その他の社会教育施設の設置，学校の施設の利用，学習の機会及び情報の提供その他の適当な方法によって社会教育の振興に努めなければならない。

（学校，家庭及び地域住民等の相互の連携協力）

第13条　学校，家庭及び地域住民その他の関係者は，教育におけるそれぞれの役割と責任を自覚するとともに，相互の連携及び協力に努めるものとする。

（政治教育）

第14条　良識ある公民として必要な政治的教養は，教育上尊重されなければならない。

2　法律に定める学校は，特定の政党を支持し，又はこれに反対するための政治教育その他政

治的活動をしてはならない。

（宗教教育）

第15条　宗教に関する寛容の態度，宗教に関する一般的な教養及び宗教の社会生活における地位は，教育上尊重されなければならない。

2　国及び地方公共団体が設置する学校は，特定の宗教のための宗教教育その他宗教的活動をしてはならない。

第3章　教育行政

（教育行政）

第16条　教育は，不当な支配に服することなく，この法律及び他の法律の定めるところにより行われるべきものであり，教育行政は，国と地方公共団体との適切な役割分担及び相互の協力の下，公正かつ適正に行われなければならない。

2　国は，全国的な教育の機会均等と教育水準の維持向上を図るため，教育に関する施策を総合的に策定し，実施しなければならない。

3　地方公共団体は，その地域における教育の振興を図るため，その実情に応じた教育に関する施策を策定し，実施しなければならない。

4　国及び地方公共団体は，教育が円滑かつ継続的に実施されるよう，必要な財政上の措置を講じなければならない。

（教育振興基本計画）

第17条　政府は，教育の振興に関する施策の総合的かつ計画的な推進を図るため，教育の振興に関する施策についての基本的な方針及び講ずべき施策その他必要な事項について，基本的な計画を定め，これを国会に報告するとともに，公表しなければならない。

2　地方公共団体は，前項の計画を参酌し，その地域の実情に応じ，当該地方公共団体における教育の振興のための施策に関する基本的な計画を定めるよう努めなければならない。

第4章　法令の制定

第18条　この法律に規定する諸条項を実施するため，必要な法令が制定されなければならない。

附　則（抄）

（施行期日）

1　この法律は，公布の日から施行する。

《監修者紹介》

汐見稔幸（しおみ　としゆき）

　　現　在　東京大学名誉教授。

奈須正裕（なす　まさひろ）

　　現　在　上智大学教授。

《執筆者紹介》（執筆順，担当章）

斎藤一久（さいとう　かずひさ）はじめに，第6章，第9章

　　編著者紹介参照。

城野一憲（しろの　かずのり）第1章，第2章，コラム①，コラム②，第12章

　　編著者紹介参照。

森口千弘（もりぐち　ちひろ）第3章，第5章

　　現　在　熊本学園大学准教授。
　　主　著　『人権と社会的排除』（共著）成文堂，2021年。
　　　　　　『ヘイトスピーチ規制の最前線と法理の考察』（共著）法律文化社，2021年。

岩元　惠（いわもと　めぐみ）第4章

　　現　在　弁護士，一橋大学大学院法学研究科博士後期。

波多江悟史（はたえ　さとし）第7章，第14章

　　現　在　愛知学院大学講師。

塚林美弥子（つかばやし　みやこ）第8章，第13章

　　現　在　早稲田大学講師。

棟久　敬（むねひさ　たかし）第10章

　　現　在　秋田大学講師。
　　主　著　『フォーカス憲法』（共著）北樹出版，2020年。
　　　　　　『新　憲法判例特選〔第3版〕』（共著）敬文堂，2021年。

清水　潤（しみず　じゅん）第11章

　　現　在　白鴎大学准教授。
　　主　著　『法の支配のヒストリー』（共著）ナカニシヤ出版，2018年。
　　　　　　『アメリカ憲法のコモン・ロー的基層』日本評論社，2023年。

《編著者紹介》

斎藤一久（さいとう　かずひさ）
　　現　在　明治大学教授。
　　主　著　『高校生のための憲法入門』（編著）三省堂，2017年。
　　　　　　『高校生のための選挙入門』（編著）三省堂，2016年。

城野一憲（しろの　かずのり）
　　現　在　福岡大学准教授。
　　主　著　『表現の自由とメディア』（共著）日本評論社，2013年。
　　　　　　『図録　日本国憲法』（共著）弘文堂，2018年。

アクティベート教育学⑮
教職のための憲法

2020年4月30日　初版第1刷発行　　　　　　〈検印省略〉
2023年10月30日　初版第4刷発行

定価はカバーに
表示しています

監　修　者　　汐　見　稔　幸
　　　　　　　奈　須　正　裕
編　著　者　　斎　藤　一　久
　　　　　　　城　野　一　憲
発　行　者　　杉　田　啓　三
印　刷　者　　江　戸　孝　典

発行所　株式会社　ミネルヴァ書房
　　　　607-8494　京都市山科区日ノ岡堤谷町1
　　　　電話代表　（075）581-5191
　　　　振替口座　01020-0-8076

© 斎藤・城野ほか，2020　　　　共同印刷工業・新生製本

ISBN978-4-623-08935-2
Printed in Japan

アクティベート教育学

汐見稔幸・奈須正裕　監修

A5判／美装カバー

1. 教育原理
   木村　元・汐見稔幸 編著
   本体2000円

2. 現代の教師論
   佐久間亜紀・佐伯　胖 編著
   本体2000円

3. 現代社会と教育
   酒井　朗 編著
   本体2000円

4. 教育経営
   天笠　茂 編著

5. 教育制度を支える教育行政
   青木栄一 編著
   本体2000円

6. 発達と学習の心理学
   松木健一・奈須正裕 編著

7. 特別支援教育
   廣瀬由美子・石塚謙二 編著
   本体2000円

8. 教育課程論
   澤田　稔 編著

9. 道徳教育の理論と実践
   上地完治 編著
   本体2000円

10. 総合的な学習の時間
    奈須正裕・田村　学 編著

11. 特別活動の理論と実践
    上岡　学・林　尚示 編著
    本体2000円

12. 教育の方法と技術
    江間史明・黒上晴夫・奈須正裕 編著
    本体2000円

13. 教育相談
    家近早苗・田村修一・石隈利紀 編著

14. 生徒指導・キャリア教育
    八並光俊・藤田晃之・石隈利紀 編著

15. 教職のための憲法
    斎藤一久・城野一憲 編著
    本体2000円

アクティベート保育学

汐見稔幸・大豆生田啓友　監修

A5判／美装カバー

1. 保育原理　汐見稔幸・無藤隆・大豆生田啓友 編著

2. 保育者論　大豆生田啓友・秋田喜代美・汐見稔幸 編著

3. 子ども理解と援助
   大豆生田啓友・久保山茂樹・渡邉英則 編著

4. 保育・教育課程論
   神長美津子・戸田雅美・三谷大紀 編著

5. 保育方法・指導法
   北野幸子・那須信樹・大豆生田啓友 編著

6. 保育内容総論　大豆生田啓友・北野幸子・砂上史子 編著

7. 保育内容「健康」　河邉貴子・中村和彦・三谷大紀 編著

8. 保育内容「人間関係」
   大豆生田啓友・岩田恵子・久保健太 編著

9. 保育内容「環境」
   秋田喜代美・佐々木正人・大豆生田啓友 編著

10. 保育内容「言葉」　汐見稔幸・松井智子・三谷大紀 編著

11. 保育内容「表現」　岡本拡子・花原幹夫・汐見稔幸 編著

12. 保育・教育実習　矢藤誠慈郎・髙嶋景子・久保健太 編著

13. 乳児保育　遠藤利彦・髙嶋景子・汐見稔幸 編著

14. 障害児保育　榊原洋一・市川奈緒子・渡邉英則 編著

（2019年春より順次刊行）

ミネルヴァ書房

https://www.minervashobo.co.jp/